MICHAEL MARTIN

Voll die Bräuche, woll!

Sitten, Unsitten und töffte Traditionen des Sauerlandes

**Mit Farbfotos von Klaus-Peter Kappest und Ralf Litera
sowie Illustrationen von Thomas Jahn**

Deckeln Eierbacken Geckschießen
Kuh-Roulette Rätteln
Schnadegang Schneeläuten
Fellversaufen Reister Markt
Lüttke Gänsereiten Brautentführung Biergericht
Fastnacht Rappeln Kreuztracht
Klappern Fleischwurstessen Bocktanz
Schatten
Elfentanz Mettwurstsingen Turmblasen
Heringsbegräbnis Krachnacht
Sternsinger
Semmelsegen Poschemädchen Kärmetze
Maihexen Montgolfiade Drachenfest
Höhlenschützenfest Gertrüdchen
Märten Vogelwerfen Krautpacken

© WOLL-Verlag, Hermann-J. Hoffe
Kückelheim 11, 57392 Schmallenberg
Autor: Michael Martin
Cover: Rainer Zepernick, Illustration: Thomas Jahn
Grafische Gestaltung: Rainer Zepernick
Illustrationen: Thomas Jahn - www.tommestoons.de
Fotos: Klaus-Peter Kappest, Ralf Litera
Lektorat: Carina Middel
Satz: Glade, Print & Papier Manufaktur
Printed by CPI Books - www.cpibooks.de
2. Auflage November 2014

www.woll-verlag.de
www.facebook.com/Sauerlandbraeuche
ISBN 978-3-943681-22-2

Inhalt

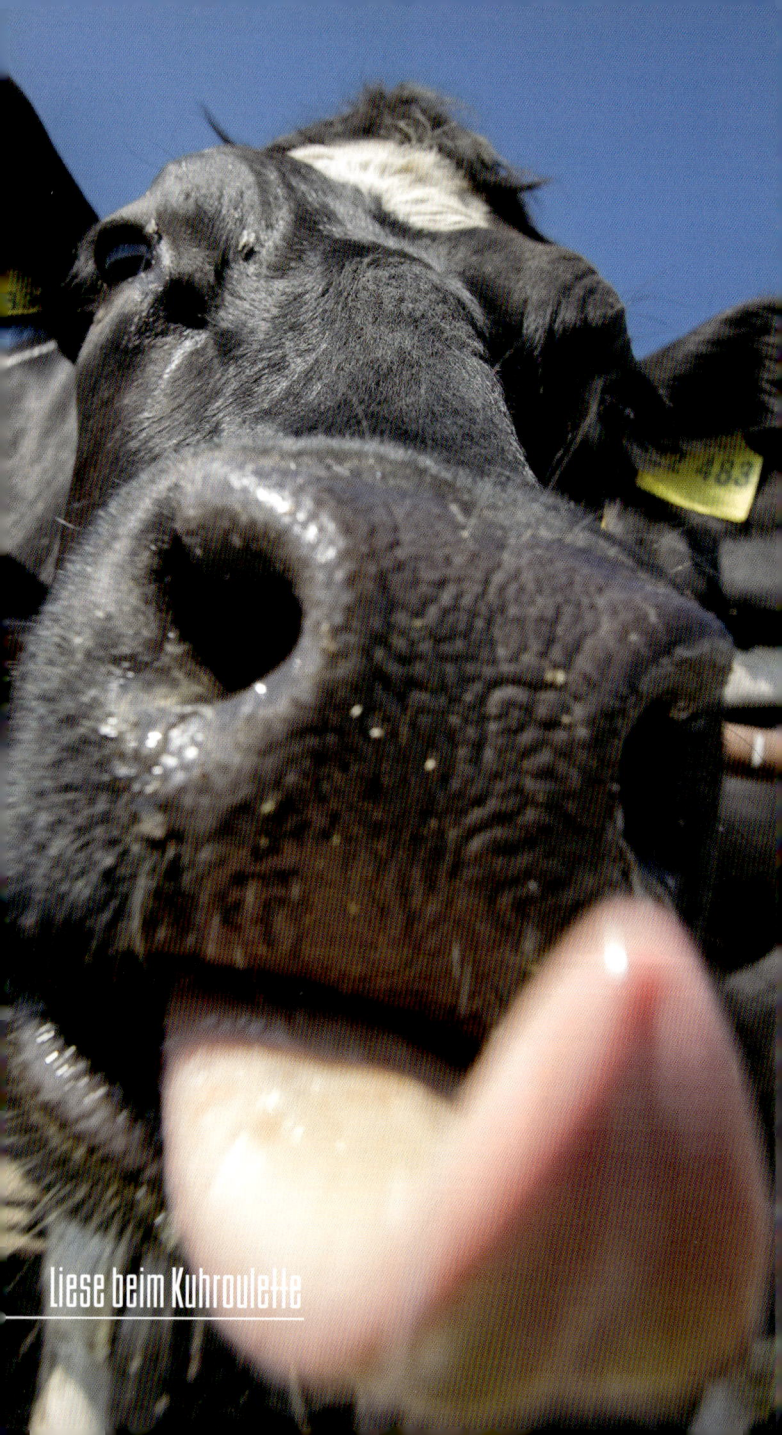

Liese beim Kuhroulette

Viehabtrieb

Sauerländer Maibaum

Mittelalterfest Altena

Böllern in Brachthausen

Montgolfiade Warstein

Stutzähsen in Brilon

Semmelsegen Attendorn

Höhlenschützenfest Balve

Drachenzähmen

Tach zusammen!

Das Sauerland ist eine der schönsten Gegenden, die der liebe Herrgott geschaffen hat. Grüne Wälder, tausend Berge, klare Flüsse und Seen, Tropfsteinhöhlen, Felsenmeere: Herz, was willst du mehr? Jahr für Jahr zieht diese wunderbare Landschaft immer mehr Touristen an, die hier Wandern, Biken, Ausspannen, Durchatmen und heimische Spezialitäten genießen. Aber nicht nur die Landschaft macht diese Region einzigartig, sondern auch die Menschen, die hier leben. Denn zwischen Halver und Marsberg im Westen und Osten, und zwischen Lippstadt und Wenden im Norden und Süden wohnen die feinsten Leute auf der ganzen Welt. Behauptete meine Omma wenigstens.

Wie diese feinen Leute feiern, welche Traditionen, Sitten und Gebräuche sie pflegen, wann und zu welchem Anlass man sich im Sauerland zwei Pils und eine Wurst reinhaut – die Antworten auf diese Fragen findet der geneigte Leser in diesem kleinen, absolut unwissenschaftlichen Ratgeber. Ein Buch, in dem die Eingeborenen erfahren, was wann wo in den Nachbartälern so gefeiert wird, und die Buiterlinge, wie Sauerlandbesucher hier liebevoll genannt werden, ein wenig mehr über die besten Events, die traditionsreichsten Märkte und unsere skurrilsten Bräuche lesen können.

Natürlich habe ich den ganzen Summs auf meine ganz eigene Art und Weise aufbereitet und beschrieben. Langweilige Bücher gibt es schließlich genug, lustige Schwarten nur sehr wenige. Und lustige Schwarten über die deutschen Regenwälder und die Feiern und Bräuche ihrer Urbevölkerung schon mal gar nicht. Ich hoffe, damit ein wenig zum Erhalt unserer einmaligen Bräuche beizutragen.

Direkt nach Redaktionsschluss tippten mir natürlich bereits die ersten Experten auf die Schulter: Hömma, Alter, da fehlt donnoch was aus der Moseboller Gegend. Oder: Samma, du Kasper, warum issen unser töfftes Kartoffelbraten nicht in deim Büchsken? All jenen netten Hinweisen bin ich nachgegangen und habe tatsächlich ein paar schöne neue Bräuche für diese zweite Auflage gefunden.

Wer darüber hinaus noch eine schöne Sauerländer Tradition oder eine töffte Unsitte kennt, bitte wacker bei mir melden, woll.

Und jetzt: Viel Spaß beim Lesen!

Michael Martin

Dauerdurst und Rostbratwurst | Sauerländer Budenzauber

Wo? Überall im Sauerland
Wann? Immer!

Was war zuerst da? Die Henne oder das Ei? Diese Frage stellt sich uns Sauerländern natürlich nicht, weil wir alle schon in der Schule gelernt haben, dass der liebe Gott die Dinge sinnvoll und nacheinander erschuf. Also erst das Ei, weil man das zum Frühstücken braucht, und dann die Henne, denn die gibt's frühestens zum Mittagessen. Dä!

Auch die Frage, ob im Sauerland zuerst das Bier da war oder erst die Feier, lässt sich leicht beantworten: Es war auf jeden Fall das Bier! Denn Feiern ohne Bier gibt es bei uns nicht. Bier ohne Feiern hingegen schon. Wer mal an einem verregneten Dienstagnachmittag ein lauwarmes Pils auf dem Oberdeck eines Möhnedampfers getrunken hat, der weiß, was ich meine.

Ej!, höre ich jetzt schon wieder die Freunde der entrahmten Ziegenmilch rufen, man könne auch ohne Hopfensaft prima Party machen? Stimmt!, lautet meine wohlwollende Antwort – aber nicht im Sauerland. Bei uns wird immer zuerst die Bierbude aufgestellt – und danach erst wird per Münzwurf entschieden, was eigentlich genau gefeiert werden soll. Liegt der Anlass fest, kann sofort bestellt werden. Jetzt fehlt nur noch ein leckerer Fettriemen dazu, pardon, eine Rostbratwurst, und das Glück ist perfekt. Biermarken gibt's bei der alten Dame am Klapptisch neben der Bude. Prost und guten Appetit!

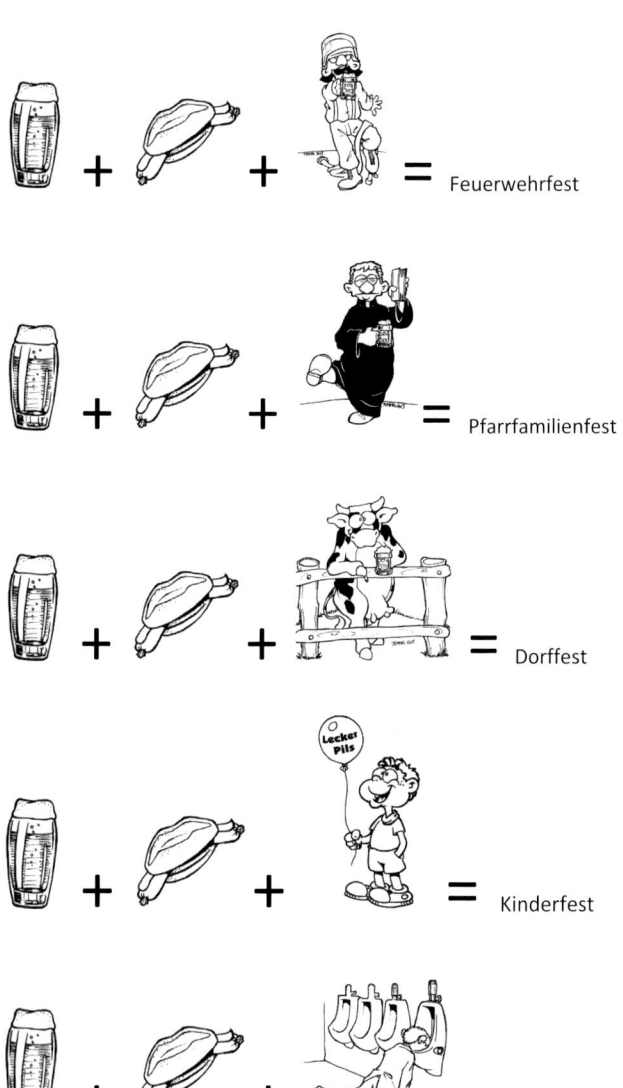

+ + = Feuerwehrfest

+ + = Pfarrfamilienfest

+ + = Dorffest

+ + = Kinderfest

+ + = Firmenfest

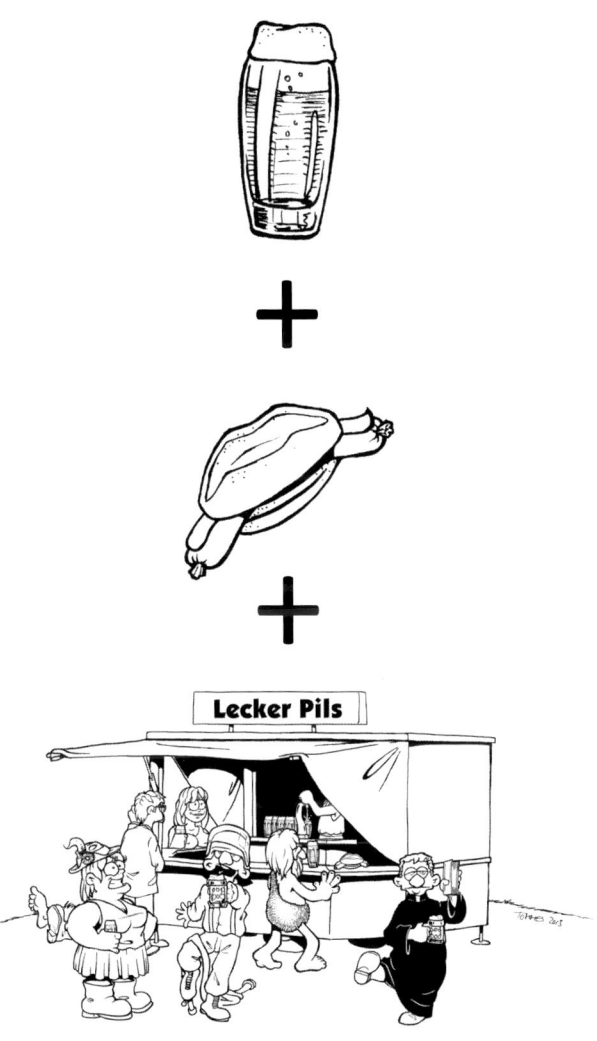

= Sauerländer Volksfest

Männersache

Sauerländer Männer sind von der Natur bevorzugt. Während Bayern, Friesen und vor allem die Rheinländer spätestens seit der letzten Völkerwanderung alle einen sichtbaren Knick in der Genetik haben, sind wir in unserem Waldversteck unangefochten zu den schönsten, klügsten und bescheidensten Typen Deutschlands geworden. Das hat sich mittlerweile auch in der internationalen Frauenwelt herumgesprochen. Immer wieder kommt es in heimischen Kneipen und Schützenzelten zu Tumulten, wenn hocherregte Topmodels versuchen, einen von uns abzukriegen. Doch da sind sie bei uns schief gewickelt, denn der Sauerländer ist sehr, sehr wählerisch. Botoxschnute, Silikontüten und schmale Hüften sind nicht unser Ding. Wir stehen auf natürliche Schönheiten mit frischen Gesichtern, hellem Verstand und großem Appetit. Wenn sie dazu noch richtig knutschen und Trecker reparieren können, umso besser. Deswegen entscheiden wir uns auch meistens für eine waschechte Sauerländerin, woll.

Wenn einem aber nun ständig die Frauen nachlaufen, möchte man manchmal einfach unter sich sein und echte Männersachen machen. Keinen metrosexuellen Kappes wie cremeduschen oder gelbe Schuhe kaufen, sondern was für ganze Kerle. Mit Bären ringen, Bäume ausreißen, Talsperren leer saufen, so in diese Richtung. Da es aber im Sauerland keine Bären mehr gibt, Kyrill die dicken Bäume umgefegt hat und unsere Talsperren seit dem Großen Durst im Jahre 1846 Wasser statt Pils enthalten, mussten wir uns andere Männerbräuche einfallen lassen. Die schönsten Beispiele finden sich im folgenden Kapitel.

Plädderadäng! | Kuh-Roulette

Wo? Überall im Sauerland, zum Beispiel in Affeln
Wann? Lokale Veranstaltungshinweise beachten

Meine Damen und Herren, wir melden uns heute live aus der Sauerländer Walachei, genauer gesagt vom Kuh-Roulette auf Bauer Schultes großer Wiese. Während Liese, eine prächtige Buntgescheckte, an den Start geführt wird, hier noch einmal die Regeln:

Das frisch gemähte Spielfeld besteht aus 64 Feldern von jeweils drei mal drei Metern und sieht von meiner Reporterkabine auf Förster Hunkes Hochsitz wie ein Schachbrett mit lauter grünen Felden aus. Sobald Liese auf dem neutralen Startfeld Position eingenommen hat, erfolgt der Anpfiff. Gewonnen hat das Feld, auf dem Liese ihren ersten Plädder scheißt. „Plädder", das ist der Sauerländer Fachbegriff für einen stinknormalen Kuhfladen, meine lieben Zuhörer daheim an den Geräten.

Und da trabt Liese unter dem Gejohle der über hundert Zuschauer schon los und beschnuppert Planquadrat B2. Etliche Besucher haben Mehrfachwetten abgegeben und ihr Geld auf bis zu acht Felder gesetzt. Oberschiedsrichter Bernd Kampnagel achtet streng auf die Einhaltung der Regeln.

Knattert der Plädder gleichzeitig auf mehrere Felder, wird der Preis gleichmäßig auf alle betroffenen Felder aufgeteilt. Die Pläddermenge auf dem jeweiligen Feld spielt dabei keine Rolle. Gewonnen hat das Planquadrat, in das der erste Fladen mit einem Mindestkackdurchmesser von zehn Zentimetern fällt. Klatscht das Teil auf das neutrale Startfeld oder den

Bereich außerhalb des Spielfelds, erfolgt keine Wertung und der nächste Schiss wird abgewartet. So einfach kann spannende Unterhaltung sein, meine Damen und Herren, selbst an diesem verregneten Wochenende am Ortsrand von Affeln.

Liese weidet mittlerweile auf F3 und schaut gelassen in die tobende Menge. Ihre Kiefer mahlen, ihr Schwanz scheint sich zu heben. Aus der momentanen Mittelfeldposition könnte sie entweder auf F2 oder E3 pläddern. Die Zuschauer halten den Atem an, doch dann ist nur ein lauter Furz zu hören und Lieses Schwanz senkt sich wieder. Fehlalarm!

Während der einsetzende Nieselregen die Sicht auf das Spielfeld etwas trübt, wird der Andrang an der Bier- und Würstchenbude deutlich größer. Hoffentlich ist es keine Rindswurst, der Geruch eines gegrillten Verwandten könnte Lieses Performance unter Umständen stark beeinträchtigen.

Sollte, meine lieben Zuhörer, sollte am Ende der Spielzeit von maximal zwei Stunden kein gültiger Fladen auf dem Spielfeld liegen, gewinnt das Planquadrat, in dem Liese mit ihrem rechten Vorderfuß steht. Doch noch hoffe ich, so wie die Pressekollegen auf dem Hochsitz neben mir, auf einen dampfenden Volltreffer unseres buntgescheckten Stars. Das war es vorerst aus dem Roulettestadion in Affeln, da Liese eine kurze Wiederkäuphase eingelegt hat. Zurück ins Funkhaus!

Fleischeslust | Fleischwurst am Donnerstag

Wo? Überall im Sauerland
Wann? Donnerstags zum Frühstück

Andere Länder, andere Spezialitäten. In Frankreich liebt man Trüffel aus dem Perigord, in Italien Schinken aus Parma, in Holland frische Matjes. Doch all diese Gaumenkitzel sind nichts gegen ein kulinarisches Kleinod aus dem Sauerland: Die kesselheiße Fleischwurst! Doch Vorsicht, Fremder: Wer diese Wurst auch nur einmal probiert hat, ist sofort wurstsüchtig. Crack und Crystal Meth sind Kinderkram dagegen! Deswegen findet der legale Verkauf heißer Fleischwurst nur einmal in der Woche und dann direkt ab Metzgerei statt, in Attendorn und Werdohl zum Beispiel am Donnerstagvormittag.

Damit die Betriebe dieser Städte nicht stillstehen, weil sämtliche Werktätige sich an den Wursttheken käbbeln, werden traditionell die jüngsten Auszubildenden ausgesandt, um lecker-heiße Fleischwurstkringel für ihre Kollegen zu kaufen. Während die Lehrlinge geduldig Schlange stehen, steigt die Vorfreude der hungrig wartenden Wurstjunkies auf den Siedepunkt: Wo bleibt denn nur der Azubi Kewwin mitti Fleischwurst? Da klingelt schon das Handy des Vorarbeiters, der Pförtner gibt durch, dass Kewwin soeben mit dem

Fahrrad auf den Hof reitet. In Windeseile verbreitet sich die frohe Botschaft in den Werkshallen und Büros, Pappteller werden gezückt, verschiedene Senfsorten bereitgestellt. Die ersten Kronkorken fliegen, denn zu einer heißen Fleischwurst passt nichts so gut, wie ein kaltes Pülleken Pils.

Wenn Kewwin dann mit der großen Tüte umme Ecke kommt, strahlen die Männer noch breiter, als unser Kurzer auf Weihnachten. Jeder nimmt sich seine heiße Wurst und verschwindet in eine stille Ecke, um sie dort ungestört zu verputzen. Für einige Minuten wird es dann sehr, sehr still im Betrieb, man hört nur genussvolles Schmatzen und gelegentlich ein leises Stöhnen. Dieser Moment der puren Freude am Wurstkringelverputzen wird von führenden Wurstforschern als „Sauerländer Fleischeslust" bezeichnet.

Topfsache | Fleischwurstessen

Wo? Überall im Sauerland, zum Beispiel in Schalksmühle
Wann? Immer dann, wenn ganze Kerle richtig Kohldampf haben!

Schon in der Bibel steht geschrieben: „In der allergrößten Not schmeckt die Wurst auch ohne Brot."
Und zwar in dem Teil, in dem bei der wunderbaren Brotvermehrung die Hostien gerade alle waren und der Herr in seiner Not einen großen Pott Fleischwurst aus Schalksmühle kommen ließ. Denn dort, so wie in vielen Orten des Sauerlands, hatte die brotlose Kunst des puren Warmwurstverzehrs direkt aus dem Kochtopf seit Generationen einen festen Platz in der Verköstigung hungriger Feuerwehrtrupps, Fußballvereine und sonstiger Männerclubs.

Das Rezept für ein gelungenes Fleischwurstessen ist so einfach, dass es selbst mein Onkel Horst, der mit der dicken Brille und der Vollmeise, unfallfrei nachkochen konnte. Man nehme: einen Topf, reichlich Wasser, jede Menge Fleischwurstkringel. Wasser in den Topf, Würste ins Wasser, alles zum Sieden bringen, bis die Würste warm sind. Fertig ist die Laube. Dabei das Wasser niemals kochen lassen, sonst platzt den Würsten der Darm und den Wartenden der Kragen, weil die Wurst ihren leckeren Geschmack verliert.
Während ein Fleischwurstessen früher die Belohnung für ein gewonnenes Auswärtsspiel, einen gelöschten Schwelbrand oder die vollzählige Rückkehr vom Deutschen Turnfest war, findet es in vielen Sauerländer Vereinen heutzutage auch bei

regelmäßigen Jahrestreffen immer mehr Anklang. Klar, denn sollte das Gewinnen oder das Löschen mal längere Zeit ausfallen, gäbe es schließlich keine leckere Fleischwurst, woll.

Als Beilage eignen sich Brot und Senf. An dieser Stelle muss ich allerdings warnen: Wer zu viel Brot isst, schafft weniger Wurst. Und wer nicht mindestens einen Kringel verputzt, ist voll das Weichei. Das ist die eherne Regel! Wahrscheinlich gibt es deswegen auch nur so wenige Vegetarier in den Sauerländer Löschzügen. Bei der Senfwahl scheiden sich die Geister, die einen stehen auf süßen, die anderen auf mittelscharfen oder Löwensenf. Im Zweifelsfall empfehle ich den Senf, der am meisten Durst macht, denn zu einem zünftigen Fleischwurstessen gehören natürlich – welch Überraschung – ein paar Schachteln Pils. Und wenn du dann neben dem dampfenden Kessel im alten Spritzenhaus oder unter einem klatschnassen Sonnenschirm auf einem verregneten Parkplatz stehst und links die Wurst statt des Reichsapfels und rechts die Pulle statt des Zepters hältst, dann weißt du, was man im Sauerland unter königlichem Genuss versteht!

Es geht um die Wurst! | Würstesingen (Mettwurstsingen)

Wo? Unter anderem in Weringhausen,
Schönholthausen, Mellen, Meinerzhagen
Wann? Meistens am zweiten Weihnachtstag,
auf Neujahr oder zu Karneval

Nein, hier geht es nicht um singende Würste, davon gibt es ja
reichlich in den Talentshows im Fernsehen. Wenn im
Sauerland die Würste singen, dann höchstens, wenn ihnen im
Kochtopf ein Knoten platzt und die entweichende Luft ein
wenig wie die Luftballons klingt, die mein Onkel Heini als
Höhepunkt meiner Kindergeburtstage vor meinen Kumpels
zum Quietschen brachte. Ja, das war mir damals schon genauso peinlich, wie es sich heute noch anhört.

Beim sauerländischen Würstesingen handelt es sich um eine
Gesangsdarbietung, bei der sich die Singenden zur Belohnung
eine Wurst erhoffen. In einigen Gemeinden findet das
Würstesingen kurz vor Karneval statt, in anderen am
Nachmittag des Stefanstages, also am 26. Dezember. Keine
Ahnung, warum. Ich hab am zweiten Weihnachtsfeiertag
immer noch die Wampe voll mit Gans, Marzipankartoffeln
und Spekulatius, da denke ich nicht eigentlich nicht direkt
daran, mal eben in der Nachbarschaft um die Wurst die singen. Beim Eversbusch- oder Bommerlundersingen wäre das
schon anders.

Erschwerend kommt beim spontanen Wurstständchen hinzu,
dass viele Besungene heutzutage keine klassische Wurst mehr
zu verschenken haben, sondern höchstens abgepackte. Zu
Zeiten des originalen Würstesingens kannte man noch keine
Kühlschränke und hängte stattdessen immer ein paar Kringel
geräucherte Mettwurst auf den Balken oder in den Keller.
Wenn die Würstesinger dann mit einem langen Prierkel von

Hof zu Hof zogen, legte man ihnen für ihre Darbietungen einfach einen Mettwurstkringel drüber. Dä!

Heutzutage hat man doch maximal ein paar Scheiben Geflügelmortadella und einen grauen Rest Teewurst in der Tupperdose – weder kann man die ohne Nägel an einem Stock befestigen noch den Sängernachwuchs damit hinterm Nintendo DS hervorlocken.

Im Golddorf Mellen findet das Würstesingen trotz aller Nachwuchsprobleme alljährlich am Neujahrstag statt. Früher schmissen sich die Mellener Mädels auf Neujahr immer extra in Schale, weil irgendwann ein Trupp flirtbereiter Sänger vor der Tür stehen würde. Den Würstesingern winkten also nicht nur ein paar kalte Wurstkringel, sondern mit etwas Glück auch ein paar heiße Blicke. Und natürlich ein Schnaps! Da die Mellener heute meistens nicht mehr selber schlachten, wird der Stock mit einer gekauften Wurst bestückt, und in vielen Häusern gibt's zum Kurzen noch eine leckere Flasche Pils-Bier dazu. Am Abend ist der Stock dann bis oben hin mit Mettwurst bestückt und die Würstesinger befinden sich dank gut geölter Golddorfkehlen in Höchstform.

Andernorts kümmert sich die männliche Dorfjugend eher halbherzig um den authentischen Erhalt klassischen Sauerländer Brauchtums und akzeptiert statt Wurst auch profanes Bargeld für die Gesangsdarbietung. Davon wird dann natürlich keine Mettwurst gekauft, sondern Dosenbier und kleine Feiglinge. Obwohl – am zweiten Weihnachtstag wär mir eine Dose Bier am Hals auch lieber als ein Kringel fette Mettwurst am Stock...

Hasenalarm | Böllern und Schließen

Wo? In Brachthausen
Wann? Zu festlichen Anlässen und bei Übermut

Während die meisten Sauerländer es nur einmal im Jahr so richtig krachen lassen, reicht das den Schwarzpulverkönigen in Brachthausen bei Weitem noch nicht. In diesem idyllischen Ort bei Kirchhundem findet man nämlich einfach alles zum Schießen: Polterabende, Hochzeiten, Fronleichnam, Schützenfestsonntag, den ganzen Festkalender hoch und runter. Es ist also alles ein bisschen wie Silvester, nur öfter. Zum Schießen werden aber keine Gewehre oder kleine Chinakracher verwendet, wenn es in Brachthausen kracht, dann richtig, und zwar aus der traditionellen Salutkanone und mit extrafetten Standböllern.

Kommt ein Kind auf die Welt, kracht's sogar gleich dreimal, wie im Lied von der Schützenliesel. Ich vermute, dass es bei Zwillingen doppelt so oft rummst und dass man bei Drillingsgeburten nur mit Ohropax nach Brachthausen einreisen darf. Bumm! Bumm! Bumm! Bumm! Bumm! Bumm! Bumm! Bumm! Bumm! Wie mir versichert wurde, ist das gesamte Schwarzpulverarsenal natürlich TÜV- geprüft und jeder lokale Böllermeister hat eine Genehmigung nach Paragraf 27 des Sprengstoffgesetzes. Schließlich muss bei uns im Sauerland auch beim Krachmachen alles seine Ordnung haben, woll. Silvester stelle ich mir in Brachthausen hingegen etwas langweilig vor.

„Junge, soll'n we noch Böllers für Silvester kaufen?"
„Hä?"
„OB WE NOCH BÖLLERS KAUFEN SOLLEN?"
„Nä, lass'ma stecken, Pappa, für dies Jahr habbich
schon genuch geballert!"

Nicht weit von Brachthausen entfernt liegt übrigens ein nettes Lokal mit dem schönen Namen „Zum Hasenbahnhof". Ich vermute, dass die Hasen an Feiertagen von dort aus per Bahn in leisere Gegenden flüchten, wo es ihnen der Tinnitus nicht ständig in den Löffeln klingelt.

Vaterglück | Vatertagstour

Wo? Überall im Sauerland
Wann? Auf Christi Himmelfahrt

Auf Christi Himmelfahrt wird auch bei uns im Sauerland traditionell der Tag der Väter gefeiert. Und da der echte Sauerländer ein religiöser Mensch ist, hält er sich streng an das Grundthema des Feiertages und nimmt an einem echten Himmelfahrtskommando teil, der sogenannten Vatertagstour. Zu einer zünftigen Vatertagstour gehört eine minimale Grundausstattung, bestehend aus einem Bollerwagen, einem Kasten Bier pro Teilnehmer und mindestens einer Flasche einer ortsüblichen, lauwarmen Spirituose. Bei der Ausschmückung des Tourwagens sind der Kreativität keine Grenzen gesetzt, solange ausschließlich wahllos abgerupftes Grünzeug und die Deutschlandwimpel von der letzten WM verwendet werden. Alles andere wäre ja auch Karneval, woll. Ausdrücklich nicht erwünscht sind Kompass, Wanderkarte und gesunder Menschenverstand, die als echte Spaßbremsen gelten. Im Mittelpunkt der Aktion stand angeblich mal der Gedanke, Söhnen und sonstigen jungen Stechern in die geheimnisvolle Männerwelt ihrer Väter und Onkel einzuführen. Ich vermute allerdings, dass man die Jungs nur mitnahm, um die Bollerwagen bergaufzuziehen.

Los geht es also, meist auf einer den Teilnehmern bekannten Waldstrecke. Während früher das Intonieren von bekannten Wanderliedern mit zum Tourprogramm gehörte, werden heute anspruchsvollere Melodien und Texte bevorzugt. Man singt über Verwandte, die im Hühnerstall Motorrad fahren, zehn kleinen Jägermeister oder die Getränkesituation auf der Südseeinsel Hawaii.

Der holprige Untergrund sowie die zahreichen Berge unserer

Heimat (2.711 sind es, um genau zu sein!) sorgen bei den Tourteilnehmern für einen überdurchschnittlichen Energieverbrauch, der ständiges Nachtanken erfordert. Spätestens nach einer Stunde rastet die Truppe zur ersten ausgiebigen Pinkelpause, bei der noch klassisch (eine Hand auf der Hüfte, eine Hand am Auslassstutzen) gepinkelt wird. Zwei Berge und drei Flaschen später beginnt Phase zwei (eine Hand an der Fichte, eine Hand am Stutzen), die sukzessive in Phase drei übergeht (eine Hand an der Fichte, eine um die Flasche Bier). Ab Phase vier (Kopf an der Fichte, beide Hände am Stutzen) wird das Tourziel korrigiert und eine Abkürzung gesucht.

Ohne Wanderkarte und Kompass erweist sich diese Suche oft als nicht so ganz einfach, vor allem nicht, wenn alle schwer strunzelig sind und den Wald vor lauter Bäumen nicht sehen. Dem mutigsten Vater bleibt es dann überlassen, die Führung der Truppe zu übernehmen: „Ich glaub, wir müssen da lang!" Kurze Zeit und weitere Fehlentscheidungen später erreicht man dann einen unbekannten Bach ohne Brücke, bei dessen Überquerung der Bollerwagen einen irreparablen Achsschaden erleidet. Die Dämmerung bricht an, das Bier ist alle und wegen eines sauerlandtypischen Funklochs kann keine Hilfe per Handy gerufen werden. Während die Männer Brennholz für die kalte Nacht sammeln, entdeckt immer einer der Jungs das rettende Wanderzeichen nach Hause.

Kurz vor Mitternacht poltern dann überall im Sauerland lädierte Bollerwagen aus den Wäldern, gezogen von müden Rambos mit roten Augen und Modder an den Stiefeln. Bevor die Väter sich trennen, reicht man sich feierlich die Hand, stellt fest, dass die Vatertagstour mal wieder absolute Spitze war und verabredet sich schon für das nächste Jahr. Na denn: Prost!

Ei, Ei, Ei! | Eierbacken

Wo? Überall im Sauerland
Wann? Meist nach Mitternacht
und einem Kasten Bier pro Kopf

Die Kneipe hat schon lange zu, der Türsteher der Dorfdisco tritt die letzten Gäste in den Hintern und selbst im Puff brennt kein Licht mehr. Was macht die pilsgestärkte Sauerländer Jugend in so einem Fall? Richtig: Eierbacken! Dabei fällt man mitten in der Nacht rudelweise in die Wohnstätte desjenigen Kumpels ein, der am wenigsten Angst vor seiner Mutter hat. Denn in Muttis Küche geht es jetzt an die Eierbestände und Bratpfannen. Wenn im Kühlschrank noch ein Bierchen lagert, umso besser. Es ist erstaunlich, wie experimentierfreudig die jungen Eierbäcker werden, wenn es um die Auswahl der Gewürze geht. Da wird auch gern mal ganz hinten im Schrank nachgeschaut, wo längst vergessene Würzdosen aus dem letzten Jahrhundert auf einem Rest Worcestersauce festkleben. Meerrettichsalz, vertrocknetes Sambal Oelek, grauer Estragon, sie alle bekommen beim Eierbacken eine faire Chance.

Bei uns zuhause gab es dabei zusätzlich noch das Eierroulette. Unsere Eier kamen nämlich direkt von einem Hof, wo der alte Knecht sie in Ställen, Gebüschen und dem angrenzenden Wald aufsammelte und bis zum Weiterverkauf aufbewahrte. Wenn er zu viele Eier fand, legte er sie in die große Schublade seiner Wäschekommode. Leider, ohne sie mit einem Haltbarkeitsdatum zu versehen. Diese Überschussware nahm er dann, um bei erhöhter Nachfrage die Lücken in den Eierkartons aufzufüllen. Niemand wusste also, welches Ei legefrisch und welches bereits Monate alt war. Da Mamma keinen Bock hatte, jedes einzelne der 20 bis 30 Eier, die wir wöchentlich verbrauchten, im Wasserbad auf Frische zu testen, wurde jedes Eiergericht zum russischen Roulette. Wer Pech hatte, musste den Schnabel mitessen.

Traditionell sieht jede Küche nach dem Eierbacken so aus wie Dresden '45. Eier aufschlagen, Fett erhitzen, rühren und stolperfrei servieren ist jenseits der Zwei-Promille-Grenze nämlich nicht ganz einfach. Auch das lässige Wenden eines Omeletts durch Hochwerfen direkt aus der Pfanne sorgt beim Eierbacken zwar immer wieder für Szenenapplaus, endet aber meistens an der Küchendecke oder hinter einem der Hängeschränke. Interessant ist übrigens, wie unterschiedlich Mütter und Väter reagieren, wenn sie im Morgengrauen die jungen Gourmets in der Küche begrüßen. Mütter schreien: „Mein Gott, wie sieht's hier denn aus!", versorgen Brandblasen und setzen Kaffee für alle auf. Väter schütteln mit dem Kopf, grinsen breit und holen für die letzten Aufrechten ein Pils aus dem Keller. Schließlich waren ja auch sie einmal echte Sauerländer Eierbäcker.

Hochzeits**bräuche**

Die meisten Auswärtigen stellen sich das Heiraten im Sauerland ungefähr so vor wie ein Happy End bei „Bauer sucht Frau". Stimmt aber nicht. Denn während die heiteren Hühnerwirte in der Fernsehsendung erfolglos dicke Nageldesignerinnen aus Jena anbaggern, um dann später doch den Lebensabend mit ihrer Lieblingshenne zu verbringen, hat der forsche Sauerländer Landwirt bei der Brautschau absolut keine Probleme. Zu groß ist die Auswahl an wilden Schönheiten, die sich schon immer einen westfälischen Bummskopp als Mann gewünscht haben. Schon in unserer Nationalhymne wird das ungestüme Temperament der heimischen Damenwelt besungen:

> Sauerland, mein Herz schlägt für das Sauerland,
> vergrabt mein Herz im Lennesand,
> wo die Mädchen noch wilder als die Kühe sind.

Wild hin, wild her: Eine wilde Hochzeit kommt allerdings nicht in die Tüte. Was sollen die Leute denn sonst sagen? Und der Pastor? Und das Finanzamt? Trotzdem wird bei uns gern und viel geheiratet. Gern auch öfters, Hauptsache, es gibt was zu Feiern und die wichtigsten Hochzeitstraditionen bleiben erhalten. Und davon gibt es hier reichlich!

Früher ging ein Freund oder ein Nachbar des Brautpaares noch persönlich von Haus zu Haus und lud die Gäste mit einem traditionellen Spruch zur Hochzeit ein. Oder die Freundinnen der Braut veranstalteten den Kranzabtanz, bei dem die Braut mit einem Kranz tanzt, um den Abschied von der Jungfräulichkeit zu feiern. Diese Tradition wurde irgendwann eingestellt – ich nehme an, aus Mangel an Jungfrauen. Ein anderer Brauch war, dass Braut und Bräutigam die Kirche zuerst mit dem rechten Fuß betraten, was Glück für das gemeinsame Leben bringen sollte. Außerdem durfte sich das Brautpaar auf dem Weg zum Altar nicht umdrehen, weil man sonst hätte glauben können, dass die beiden sich schon nach neuen Partnern umsehen.

Nach der Hochzeit mussten die Brautleute oft gemeinsam vor der Kirche mit einer stumpfen Säge einen Baumstamm durchsägen, um gemeinsame Stärke zu demonstrieren. Diese Tradition gibt es auch heute noch in einigen Orten. Was sonst noch so alles vor, während und nach einer Sauerländer Hochzeit passiert, davon handelt das nächste Kapitel.

Öhmensache | Deckeln (Rappeln)

Wo? Zum Beispiel in Brachthausen und Altastenberg
Wann? Wenn ein Wilderer im Revier gesichtet wird

Im Sauerland findet jeder den richtigen Verein. Es gibt sogar solche für Junggesellen über 16 Jahre, die sogenannten Öhmen. Diese Vereine nennen sich beispielsweise „Öhmenclub" oder „Fahnengesellschaft". Letzteres natürlich nicht, weil die Jungs ständig von Alkoholfahnen umwabert sind, sondern weil der örtliche Schützenverein dahintersteckt. In Ermangelung einer Ehefrau verbringen die Öhmen ihre Freizeit nicht mit Müllaustragen, Kinderfüttern oder beim Shoppen, sondern mit sinnvollen Tätigkeiten, wie zum Beispiel Trinken, Rauchen sowie Deckeln oder Rappeln.
Weitere wichtige Grundregeln des Junggesellenlebens finden sich im offiziellen Brachthausener Öhmenlied:

Männer vom Öhmenbund,
preiset mit Herz und Mund
den Öhmenbund.
Seid ihr zu Hause nur
oder auf großer Tour;
fröhlich erschallt es stets:
Prost Öhmen hier!

Wir lieben stets das Bier.
Wasser verachten wir.
Bei hellem Becherklang
und frohem Rundgesang
fröhlich erschallt es stets:
Prost Öhmen hier!

Heiraten tun wir nicht,
weil's uns an Last gebricht.
Wir bleiben frei.
Ledig und frei zu sein,
niemals ein Weib zu frei'n,
so wollen's halten wir.
Prost Öhmen hier!

Öhmen und Nöhmen hier,
macht euch recht viel Pläsier
in eurem Stand!
Seid ihr zu Hause nur
oder auf großer Tour;
fröhlich erschallt es stets:
Prost Öhmen hier!

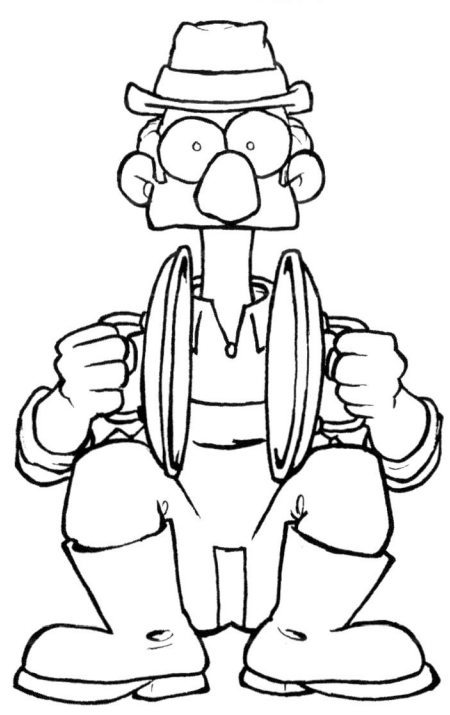

Was aber ist nun das Deckeln oder Rappeln? Gedeckelt und gerappelt wird immer dann, wenn ein Mädchen im Dorf zum ersten Mal Besuch von ihrem Freund aus dem Nachbarort bekommt. Dann kümmern sich die Öhmen persönlich um den unerwünschten Wilderer in ihrem Revier. Sie umstellen das Haus der besuchten Schönen und veranstalten mit Topfdeckeln und Trillerpfeifen einen Höllenlärm. Es wird solange geschellt, bis jemand die Tür öffnet und die gesamte Junggesellentruppe hineinstürmen kann.

Der älteste Öhme, auch „Oberrappelmeister" genannt, stellt dem Mädchenwilderer eine nachträgliche Jagderlaubnis für das Ortsrevier aus. Dieser Jagdschein ist sehr ausführlich und beschäftigt sich unter anderem mit den verflossenen Liebschaften der besuchten Dame. Ein allgemein sehr geschätztes Traditionselement des Öhmenvortrags ist das gegenseitige Zuprosten und Ex-Trinken bei jedem Satzzeichen. Punkt, Punkt, Komma, Strich, rumms, da warn die Öhmen dicht!

Sämtliche verzehrten Getränke müssen selbstverständlich vom erwischten Pärchen gelatzt werden. Kein Problem, da eine echte Sauerländer Maid immer ein paar Pils in petto hat – man weiß ja schließlich nie, woll?! Zum Schluss wird das Mädel offiziell gewogen, und ihr Freier, auch „Frigger" genannt, muss eine dem Gewicht entsprechende Jagdgebühr entrichten. Kein Wunder, wenn sich die Junggesellen besonders über diejenigen Mädels im Ort freuen, die etwas stabiler sind und am laufenden Meter den Verlobten wechseln.

Wer das Sauerland als Revier für die persönliche Partnersuche wählt, dem kann ich nur gratulieren, denn nirgendwo auf der ganzen Welt gibt es so schöne Frauen, wie bei uns. Aber bitte nicht den Jagdschein vergessen, denn sonst rappelt's!

Der Liebe auf der Spur | Spurlegen (Streuen)

*Wo? Unter anderem in Brachthausen und Medebach
Wann? Im akuten Liebesfall*

Wie bereits im Kapitel über das Rappeln gelernt, kümmern sich die Öhmen eines Ortes lautstark um die Bloßstellung frischer Paare, wenn der neue Freund eines ortsansässigen Mädels diese zum ersten Mal besucht. Falls das Mädchen aber nun einen heimlichen Freund in ihrem Heimatort gefunden hat, dann kann nicht offiziell gedeckelt werden. Stattdessen wird eine Spur gelegt beziehungsweise gestreut.

Früher mussten sich Verliebte im Sauerland aus Angst vor den strengen Eltern und vor dem Geschwätz der Leute oft heimlich treffen. Um ihnen einen Streich zu spielen, wurde, statt Lärm zu veranstalten, eine Spur aus Sägemehl oder Kalk zwischen den Häusern des Jungen und des Mädchens gelegt: So wurde die Verbindung öffentlich gemacht. Dieser Brauch hat sich bis heute gehalten, wahrscheinlich auch deswegen, weil die fröhliche Streutruppe anschließend noch kurz auf einen Imbiss und ein paar Kaltgetränke beim Pärchen reinschaut.

Wichtig ist natürlich, dass die Öhmen sich absolut sicher sind, dass die Sichtbarmachung einer Liaison durch eine Streuspur nicht zu schwerem Rabatz führt, wo die Verbindung besser geheim bleiben sollte. Denn Sägemehlspuren vom Pfarrhaus in den Puff oder von Bauer Hans zu seinem Ziegenstall gehen natürlich gar nicht.

Wie das Institut für Ethnologie an der Universität Brilon und meine Omma mir bestätigten, eignet sich das Spurlegen oder Streuen als Brauch auch nur für einen treuen und herzensguten Menschenschlag wie die Sauerländer. In stark promiskuitiven Gegenden wie beispielsweise dem Siegerland gibt es nämlich ganz einfach zu wenig Sägemehl, um jeden Tag kilometerlange Spuren von jedem zu jeder zu legen. So sind'se, die Siegerländer!

Klirr! Schepper! Krach! | Poltern

Wo?
Überall im
Sauerland
Wann?
Meistens am
Vorabend
der Hochzeit

Das Krachen und Poltern am Vorabend einer Hochzeit hat im Land der tausend Berge eine lange Tradition. Mit Peitschenknallen, dem Schlagen von Topfdeckeln und dem Lärm zerdepperten Porzellans wird von Freunden und Verwandten des Brautpaares so auf die bevorstehende Hochzeit aufmerksam gemacht. Das geht schneller als Twittern und macht erheblich mehr Spaß. In einigen Orten wämmsen die Einheimischen schon von alters her mit Schmackes vor riesige Metallglocken, bis ein allgemeiner Tinnitus einsetzt. Und damit auch noch die taube Omma Schulte im Nachbardorf mitkriegt, dass eine Hochzeit ansteht, wird in Brachthausen zusätzlich noch mit Kanonen geböllert. Rumms!

Den meisten Sauerländern reicht allerdings das laute Knallen zerdeppernden Porzellans auf der Straße vor dem Haus der Braut. Außerdem sollen Scherben ja angeblich Glück bringen. Ich bin mir da allerdings nicht so sicher, denn als ich damals auf Tante Karins Geburtstag ihre gute Kaffeekanne per Fußball erlegte, bekam ich sofort einen vor den Latz. Dä!

Am Vorabend einer Sauerländer Hochzeit sind Scherben allerdings erwünscht, und das sogar in rauen Mengen. Außer Scherben aus Spiegeln oder Glas, denn die bringen dem Brautpaar sieben Jahre Pech oder einen platten Reifen. Voll im Trend liegen das Zerdeppern von Keramik, Lokusschüsseln, Waschbecken, Fliesen oder Dachziegeln. Hier kennt der Schwachsinn keine Grenzen und der Sauerländer ist daher voll in seinem Element. Das Polterzeug wird oft gleich containerweise herangekarrt und direkt vom LKW auf die Straße gedonnert. Anschließend muss das Brautpaar die Bescherung gemeinsam wegfegen, das gilt als Symbol für das Teilen der ehelichen Pflichten. Denn wer einmal 15 Tonnen Dachziegel mit dem kleinen Kehrblech weggeschippt hat, den kann auch später in der Ehe kaum noch was erschüttern.

Immer mehr Polterabende finden neuerdings schon eine Woche vor der Hochzeit statt, weil die partygeilen Gäste von heute einfach kein Ende finden und es morgens in der Kirche nach alten Kippen und Bierfurz statt nach Myrrhe und Weihwasser riechen würde. Voll im Trend liegen als Polteralternative die nach Geschlechtern getrennten Junggesellen- beziehungsweise Junggesellinnenabschiede, bei denen zwar die Korken, aber keine Porzellanwaren mehr knallen. Ziel des Abends ist es, sich dem anderen Geschlecht ein letztes Mal als lediges Freiwild zu präsentieren, mit einer wildfremden Hackfresse zu knutschen, anschließend in die Rabatten zu kotzen und sich am nächsten Tag beim Betrachten des YouTube-Videos „Michas endgeiler Polterabend" in Grund und Boden zu schämen. Nicht schlecht, aber leider kein originaler Polterabend, woll. Obwohl es am Morgen danach beim Brautpaar bestimmt so richtig scheppert.

Draußen wartet schon das Seil | Schatten

Wo? Zum Beispiel in Freienohl
Wann? Direkt nach der kirchlichen Trauung

Jede Ehe hat auch Schattenseiten, die oft schon kurz nach der Heirat das Eheleben verdunkeln. Ihre kalten Füße im Bett, seine Tropfen auf der Lokusbrille und dazu noch diese ungewohnte Monogamie. Solche Schattenseiten haben aber nichts mit dem Schatten in Freienohl zu tun. Es geht auch nicht um den Schatten, sondern um das Schatten direkt nach der kirchlichen Trauung. So wird nämlich ein Brauch bezeichnet, bei dem das frisch vermählte Brautpaar vor dem Eingangsportal der Kirche auf ganz besondere Art und Weise in Empfang genommen wird: Andersorts werden Spaliere gebildet oder Reis geworfen, doch in Freienohl spannen Freunde, Nachbarn, Bekannte und Vereinskameraden ein dickes Seil quer vor das Kirchentor, um die Hochzeitsgesellschaft anzuhalten.

Danach wird dem Brautpaar feierlich zur Hochzeit gratuliert und alles Gute für die gemeinsame Zukunft gewünscht.

Im Hintergrund warten natürlich bereits die obligatorischen Kaltgetränke der Region, um miteinander anzustoßen. Die erste Runde Schnaps geht an das frisch vermählte Paar, die Brauteltern und die Brautführer. Bevor der Bräutigam das Glas erhebt, muss er allerdings noch einen toten Hering verspeisen, den ihm die Schatter auf einem Silbertablett kredenzen. Ohne Hering geht es nämlich nun mal nicht in Freienohl, wie in diesem Buch im Kapitel zum Heringsbegräbnis nachzulesen ist. Führende Anthropologen streiten, wie die ungewöhnliche Liebe zum Clupea Harengus im Sauerländer Mittelgebirge entstehen konnte, aber vielleicht gab es ja früher Süßwasserheringe oben in der Ruhr.

Da man sich auch in Freienohl für einen feuchten Händedruck nichts kaufen kann, erhalten die Schatter als Dankeschön für Hering, Schnaps und Aufwartung einen kleinen Unkostenbeitrag vom Bräutigam. Unter dem Applaus der Umstehenden wird das Seil dann entfernt und das Brautpaar darf von dannen rauschen. Bereits in der Hochzeitskutsche sind wir dann wieder bei einer Schattenseite des Ehelebens angelangt: Küsse mit Hering-Schnaps-Geschmack. Mahlzeit!

Wer hat meine Braut geklaut? | Brautentführung

Wo? Überall im Sauerland
Wann? Am Tag der Hochzeit

Yoko Ono hat einmal gesagt, dass alle Männer auf der Suche nach der idealen Frau sind – vor allem nach der Hochzeit.

Entweder meinte dem Lennon seine Olle das sarkastisch oder sie bezog sich auf die alte Sauerländer Sitte der Brautentführung. Vielleicht hat die Plastic Ono Band ja irgendwann mal in Schliprüthen oder Mosebolle bei einer Hochzeit aufgespielt und die Brautentführung nach der Hochzeit live miterlebt. Muss demnächst mal Yoko fragen.

Die Entführung funktioniert jedenfalls ganz einfach und sorgt immer wieder für eine willkommene Abwechslung auf jeder Hochzeitsfeier. Mitten im Trubel ist die Braut plötzlich weg! Gute Freunde oder männliche Verwandte haben die frisch Vermählte kurzerhand entführt. Und zwar nicht, wie echte Sauerlandkenner unter den Lesern bereits ahnen, in einen romantischen Schlossgarten oder eine exklusive Wellness-Oase, sondern in eine stinknormale Kneipe. Prost! Während die Braut mit den Entführern ein leckeres Pils oder einen delikaten Foffo (Weinbrand-Cola) zischt, macht sich der jäh verlassene Bräutigam auf die Suche nach seiner Frau. Um das Ganze zu erschweren, wechseln die Entführer nach jedem Getränk das Lokal und latzen dabei die Zeche nicht. Stürmt der suchende Gatte später herein, findet er statt seiner

Frau überall nur offene Rechnungen – ein Gefühl, das erfahrene Ehemänner vom Shopping gut kennen.

Damit die Brautsuche nicht endlos dauert, hinterlassen die Entführer kleine Hinweise, um die Suche etwas zu erleichtern. Findet der Bräutigam so endlich seine Angebetete, muss er sie mit einer Runde Schnaps freikaufen oder sie durch das Erfüllen einer Aufgabe auslösen. Zum Beispiel durch einen Handstand auf der Theke, das Singen einer schlimmen Kuschelrocknummer oder die lebenslange Verpflichtung zum Müllraustragen.

Die Tradition der Brautentführung soll auf das Jus primae Noctis im Mittelalter zurückgehen. Angeblich hatten Adlige damals das Recht, weibliche Untergebene in der Hochzeitsnacht von Vasallen entführen zu lassen, um sie dann persönlich zu entjungfern. Die Braut, nicht die Vasallen, versteht sich.

Wie dem auch immer sei – so eine Brautentführung ist einfach ein großer, traditioneller Spaß, vor allem für die Entführer und die Braut. Es kommt allerdings auch vor, dass der sauerländisch-sture Bräutigam keinen Bock hat, seine Frau zu suchen. So kann er Hochzeit und ersten Ehekrach am selben Tag erleben und schon mal das ausführliche Streiten für die Zeit bis zur Scheidung üben. Oder es geht ihm wie dem dösigen Mann von Tante Inge, der seine entführte Braut einfach nicht fand. Derweil verknallte sich Inge in einen ihrer Entführer und übte mit ihm auf der Damentoilette der Poststube schon mal für die Hochzeitsnacht. Das sollte, wie sich später herausstellte, kein guter Start ins Eheleben sein.

Zahlemann & Söhne | Gebehochzeit

Wo? Fast überall im Sauerland
Wann?
Bis circa Anfang des
20. Jahrhunderts

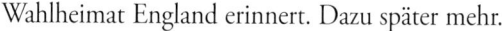

Der alte Brauch der Gebehochzeit
ist leider ausgestorben.
Ich finde ihn aber absolut
faszinierend, weil er mich
an Hochzeiten in meiner
Wahlheimat England erinnert. Dazu später mehr.

Die Sauerländer Gebehochzeit kam zu ihrem Namen, weil
jeder Gast etwas gab. Und zwar keine Garnitur Biber-
Bettwäsche, einen Satz selbstgeschnitzter Frühstücksbrettchen
oder Eier aus'm Konsum, sondern töfftes Bargeld. Denn zur
Gebehochzeit wurde von Brautpaaren eingeladen, die es sich
weder leisten konnten, alle Gäste nach der Trauung im
Wirtshaus freizuhalten, geschweige denn, einen eigenen
Hausstand zu gründen. Junge Kleinbauern oder Arbeiter
waren ja damals oft schon froh, wenn sie sich das Rübenkraut
auf der Stulle leisten konnten. Deshalb waren die Geldgeschenke
auf der Gebehochzeit eine wichtige Starthilfe für den ersten
Schritt in Richtung Existenzgründung. Klar, dass deshalb
nicht nur Verwandte eingeladen wurden, sondern auch
Bauern, Großbauern, Firmenbesitzer und jeder, mit dem man
irgendwie privat oder geschäftlich verbunden war.

Damit alles seine Ordnung hatte und keiner dem Brautpaar
nur einen ollen Buxenknopp in die Hand drückte, wurde auf
jeder Gebehochzeit fein säuberlich aufgeschrieben, wie viel

Knete jeder Gast als persönlichen Beitrag abgedrückt hatte. Das las sich dann so:

Joseph Schulte aus Kleinhammer 2 Taler
Hesmert vom Siepen 1 Taler 15 Stüber
Schlotmann vom Versetal 1 Taler
Knipping vom Bergfeld 1 Taler 30 Stüber

Wer nun absolut kein Erspartes auf dem Balken hatte, bei dem mussten die Gäste nicht nur reichlich geben, sondern dazu auch noch alles selber zahlen, was sie im Gasthof verzehrten. Das nannte sich dann „Schmachthochzeit". Das Brautpaar stellte den Saal zur Verfügung sowie Blümchenkaffee bereit, vielleicht auch noch eine Ein-Mann-Kapelle – und fertig war die Laube. Vor der Tür zur Kneipe stand dann der Bäcker mit einem Korb, wo sich die Hochzeitsgäste ein Teilchen kaufen und mit an die Kaffeetafel nehmen konnten. In England latzt man auf Hochzeiten auch heute noch seine Drinks selber. Eine durchaus sinnvolle Tradition, denn der Durst der Briten ist fast so gewaltig, wie der Durst der Sauerländer. Ich hätte es nur gut gefunden, wenn mir jemand das mit dem Selberzahlen vor meiner ersten britischen Hochzeitsfeier gesagt hätte. Auf meine Frage, wem ich etwas von der Theke mitbringen solle, meldeten sich gleich fünfzehn Interessenten. Shit happens!

Auch wenn es die offizielle Gebehochzeit im Sauerland nicht mehr gibt, gilt das Prinzip noch bis heute. Der Geldbetrag wird allerdings im Umschlag überreicht und bleibt vor der Gemeinschaft geheim. Es sei denn, Onkel Willi, der knickrige Sack, hat mal wieder nur zwei Euro geschenkt: Das weiß natürlich schon einen Tag später die gesamte Familie!

Töffte Traditionen

Andere Länder, andere Riten. In England stopfen sich Männer bissige Frettchen in die Unterbuxe und stoppen, wie lang sie es aushalten. In Finnland gibt es eine Meisterschaft im Frauentragen, bei der man seine Liebste über einen Hindernisparcours trägt. Das würde bei uns im Sauerland beides nicht funktionieren. Bekloppte zum Mitmachen hätten wir zwar genug, aber Tiere gehören bei uns auf den Grill und nicht in die Hose, und unsere lieben Frauen tragen wir schließlich das ganze Leben lang auf Händen, woll.

Aber auch in unserer Heimat gibt es Traditionen, die sich für Briten, Finnen und Buiterlinge ziemlich seltsam anhören müs-

sen. Da wird einer Gänseattrappe aus vollem Galopp der Kopf abgedreht, bärtige Jungfrauen tanzen frühmorgens um Brunnen und erwachsene Männer lassen sich freiwillig stutzähsen. Solch altes, oft skurriles Brauchtum finde ich besonders schön. Wahrscheinlich liegt das an einer schweren Kindheit, vermutet mein Therapeut. Da hat er wahrscheinlich recht, denn schließlich bin ich von Eingeborenen des Sauerlands aufgezogen worden.

Mein Großonkel Gottfried brachte zum Beispiel jeder seiner Ziegen bei, auf seinen Kopf zu springen und sich dort zu Flötenmusik im Kreis zu drehen. Das nannte er den Neuenrader Ziegentanz, und er wollte immer, dass ich diese Tradition fortführe. Hat leider nie so richtig geklappt. Mir ist zwar im Laufe der Jahre so manche blöde Zicke auf dem Kopf herumgetanzt, aber die Flötentöne konnte ich keiner beibringen. Doch jetzt Schluss mit dem Gemecker und ran an die töfften Traditionen!

55

Ausgeschnattert | Gänsereiten

Wo? In Drolshagen-Bühren
Wann? Am ersten Septemberwochenende

Im Sauerland werden seit Jahrhunderten die größten Gänse der Welt gezüchtet. Die Viecher sind solche Kaventsmänner, dass sie von professionellen Gänsejockeys geritten werden können und bei internationalen Turnieren sogar gegen Pferde antreten. Außer beim Springreiten, weil sie da immer über die Hindernisse flattern und disqualifiziert werden.

Ist natürlich frei erfunden! Aber das Gänsereiten gibt's wirklich, und zwar immer am ersten Septemberwochenende in Bühren bei Drolshagen. Und natürlich wird hier nicht auf Gänsen geritten, sondern unter ihnen her. Dabei versuchen wagemutige Reiter von ungesattelten Pferden aus, einer Gummigans den Kopf abzureißen. Früher waren in Bühren beim Gänsereiten wirklich noch tote Gänse im Spiel, doch seit 1988 ist das offiziell verboten. Irgendwo muss man ja ethische Grenzen ziehen.

Das Festwochenende beginnt freitags mit der Aufführung eines Theaterstücks. Am Samstag folgen ein Festzug und, der Sauerlandkenner hat es schon geahnt, der Einmarsch in ein Festzelt mit reichhaltigem Getränkeangebot. Es folgt ein fließender Übergang in den Sonntag mit Kirchgang und Frühschoppen, wo weiter fröhlich geschnasselt und geschnattert wird. Nachmittags ziehen Kind, Kegel und Pferde von Dumicke nach Bühren, wo dann das Gänsereiten den festlichen Höhepunkt setzt.

Diese seltene Form des Reitturniers wurde angeblich im Dreißigjährigen Krieg von spanischen Soldaten erfunden, die Langeweile, ein paar Gänse und wahrscheinlich eine Schraube locker hatten. Sie hängten zum Spaß eine lebende Gans zwischen zwei Bäumen an den Füßen auf und versuchten dann, ihr im Galopp den Kopf abzureißen. Eine echte, wenn auch tote Gans benutzt man bis heute beim Gänseritt in Wattenscheid. Ihr wurde der Hals noch schön mit Schmierseife eingefettet, um das Abreißen schwerer zu machen. Dieses würdelose Schauspiel ist absolut nichts für tierliebende Zuschauer mit schwachen Nerven und sorgt regelmäßig für Ärger mit aufgebrachten Tierschützern.

Die Bührener sind, wie fast alle Sauerländer, natürlich längst im 21. Jahrhundert angekommen und nehmen statt echter Gans eine Attrappe aus Gummi, die an einem Metallgerüst bammelt. Ist doch viel schöner, als wenn die Federn stieben, oder? Die modernistische Gansattrappe erhöht die Veranstaltung außerdem zum modernsten Gänsereiten der Neuzeit, wie der Reiterverein Bühren stolz verkündet. Ganz zeitgemäß können selbstverständlich auch Reiterinnen am Wettkampf teilnehmen. Vielleicht sollte ich da meine Frau mal anmelden, die hat mir schon oft wegen irgendwelcher Kleinigkeiten den Kopf abgerissen. Damals zum Beispiel, als ich ohne Unterbuxe vom Schützenfest nach Hause kam: Aua! Zurück nach Bühren: Wer von den geschickten Reitern als Erster den Gänsekopf aus dem Galopp heraus abreißt, hat gewonnen. Das ist viel schwerer, als es sich anhört, und es kommt immer wieder zu spektakulären Stürzen. Videokamera also nicht vergessen! Den Gänsereitfans wird allerbestes Entertainment geboten. Wer stattdessen lieber gans gemütlich ein gans, gans leckeres Pils zischen will, der sattelt die Hühner und reitet zurück ins Festzelt. Gack, gack, hüh!

Grenzgänger | Schnadezug (Schnadegang)

Wo? In vielen Städten und Gemeinden, bekannt besonders aus Brilon
Wann? Jährlich, mancherorts alle zwei Jahre

Echte Sauerländer gehen gern an ihre Grenzen. Und zwar nicht nur an der Theke und beim Sex, sondern auch rund um ihre Heimatgemeinden. Denn dort befinden sich die Grenzmarkierungen zum Gebiet der Nachbargemeinden, und deren Bewohner haben schon immer gern mal die Grenzsteine oder Grenzpfähle verrückt, um ihr Territorium ein wenig zu erweitern. Schäbbiges Kroppzeug, das dazu noch das Osterfeuer schon am Gründonnertag abfackelt oder pünktlich zum Schützenfest eine fette Fuhre Mist vor deine Schützenhalle kippt. Also sollte man besser regelmäßig sicherstellen, dass der offizielle Grenzverlauf noch stimmt und man sich gegenseitig kein Land streitig macht.

Aus diesem Grund werden seit dem 14. Jahrhundert alljährlich, in Brilon alle zwei Jahre, gemeinsam mit den Grenznachbarn die Ortsgrenzen abgeschritten, um sich deren Verlauf in Erinnerung zu rufen und Konflikte zu vermeiden. Dieser Grenzmarsch wird als „Schnadezug" oder „Schnadegang" bezeichnet. Denn „Schnade" stammt aus dem Sauerländer Platt und heißt Schneise oder Grenze.

Damit sich unerfahrene Erstteilnehmer auch wirklich genau merken, wo ihre Heimatorte anfangen und wo sie aufhören, werden die Schnadenovizen von erfahrenen Schnadebrüdern gepackt, hochgehoben und dreimal mit dem Hintern auf die Schnadesteine gesetzt. Und zwar schön mit Schmackes, so prägt sich alles gleich richtig ein. Dieser Initiationsritus ist beispielsweise beim Briloner Schnadezug auch heute noch ein ungeschriebenes Gesetz und nennt sich Stutzäsen:

> *Wer erstmals in der Schnadebrüder Mitte*
> *sich auf dem Lagerplatze froh bewegt*
> *wird flugs gestutzäst nach ererbter Sitte.*

Im armen Meschede hingegen konnte man sich früher nur billige Grenzpfähle und keine haltbaren Grenzsteine leisten, deswegen heißt die Arschnummer dort Poahläsen, wobei „Poahl" für Pfahl steht, und „Äsen" für den Äs. Jeder Sauerländer weiß, dass nur der sich Poahlbürger nennen darf, der bei einer Schnade auf mindestens einem der Pfähle gesessen hat. In der offiziellen Poahläs-Urkunde des Sauerländer Gebirgsvereins bekommt man die Beschreibung eines echten Poahlbürgers sogar schriftlich: Nur der hinter diesen Pfählen lebende Bürger ist ein Poahlbürger, aufrecht, standhaft und beständig wie die ihn als Grenze umgebenden, ebenso schützenden wie von ihm beschützten Pfähle.

Ich denke, ganz so einfach ist das leider nicht. Rund um den Heimatort meiner Großtante kann sich ein Zugezogener fünfzig Jahre lang immer wieder auf die Poahle setzen lassen, er wird trotzdem immer ein Buiterling bleiben. Dä!

Heute sind aus den Schnadegängen vielerorts tolle Volksfeste entstanden, und Jahr für Jahr ziehen zehntausende Sauerländer entlang ihrer früheren Dorf- oder Stadtgrenzen hinaus in Wald und Flur. An den Rastplätzen der Schnadegänger spielen Bands, die Stimmung ist prima und zum Abschluss gibt es oft noch eine Erinnerungsurkunde. Ein schöner Trost für alle, bei denen es nie ganz für eine Siegerurkunde bei den Bundesjugendspielen geklappt hat.

Der größte Schnadezug findet alle zwei Jahre in Brilon statt und hat in etwa den Umfang einer Völkerwanderung. Seit 1388 geht man dort jeweils ein Fünftel der Stadtgrenzen ab, denn ansonsten wären die satten 130 Grenzkilometer selbst für den wanderfesten Sauerländer etwas zu viel für einen Vormittag. Wer in zehn Jahren fünfmal mitgegangen ist, darf stolz behaupten, einmal rum zu sein. Und das zählt in Brilon mindestens genauso viel wie andernorts eine Alleinumseglung der Erde!

Ran an die Kanonen! | Sturmtag

Wo? In Belecke
Wann? Am Mittwoch vor Pfingsten

Der berühmte Belecker Sturmtag erinnert natürlich nicht an den Orkan Kyrill, der 2007 Zehntausende von Fichten im Sauerland plattmachte, sondern an das Jahr 1448, als sich die Belecker nicht vom übermächtigen Soest plattmachen ließen.

Soest war dank Förderung und Einfluss des Kölner Erzbischofs zu einer reichen Großstadt geworden, aber irgendwann hatten die Stadtoberen keinen Bock mehr, dass ihnen der Kirchenheinz ständig in alles reinquatschte. Deswegen suchten sie sich einen anderen starken Investor, und zwar den Herzog von Kleve. Das fand der Erzbischof natürlich nicht so prickelnd, und es kam zur berühmten Soester Fehde, in der sich die bischöflichen Truppen sowie die Soester und ihre Verbündeten gegenseitig die Köpfe einschlugen. So ein zünftiger Kirchenkrieg wäre heute nur schwer möglich, weil Kardinal Meisner, der aktuelle Erzbischof von Köln, ein friedliebender Mensch ist und schon genug mit Ökumene und Schwulenehe zu kämpfen hat.

Die Belecker blieben während der Fehde jedenfalls bischofstreu und wurden damit zum Erzfeind der Soester. Und Erzfeinden wurde damals gern mal die Glatze poliert, das Vieh geraubt und nach ausgiebiger Plünderung die Häuser niedergebrannt, die Klassiker halt. Doch obwohl die zahlenmäßig überlegene Soester Truppe in einem Sturmangriff gegen die Stadt Belecke ihr Bestes gab, musste sie sich den mutigen Verteidigern geschlagen geben. Dem Soester Angriff fiel allerdings leider der damalige Belecker Bürgermeister

Wilke zum Opfer und seine Mitbürger schworen sich, jedes Jahr am Tag der Schlacht des großen Sieges über die Soester zu gedenken.

Deswegen donnern beim Sturmtag am Mittwoch vor Pfingsten ab dem Morgengrauen die Belecker Kanonen viertelstündlich in das Tal von Wester und Möhne. Heute gesellt sich auch immer eine Delegation aus Soest dazu, um ein nachhaltiges Zeichen der Freundschaft zwischen den Städten zu setzen. Ich würde trotzdem am Ortseingang einen Bodyscanner für alle Soester einsetzen. Schließlich sind das eindeutig Nichtsauerländer, und bei denen bin ich immer sehr, sehr skeptisch.

Bärtige Jungfrauen | Elfentanz

Wo? Am Iserlohner Ballotsbrunnen
Wann? Am Pfingstmontag

So ein stacheliger Damenbart ist doch ganz was Feines. Vor allem beim Küssen. Das muss jedenfalls meine Tante Josefa immer gedacht haben, wenn sie mir zum Kindergeburtstag mit ihrem dichten Oberlippenbart einen dicken Schmatzer gab. Und zwar mit Schmackes, mitten auf die Lippen. Das gemeine Piksen und den Geschmack von Spucke und alten Salmiakpastillen werde ich nie im Leben vergessen, egal, was mein Therapeut sagt. Vielleicht hätte ich Josefa einfach mal an einem Pfingstsonntag zum Ballotsbrunnen nach Iserlohn schicken sollen, denn dort werden bärtige Jungfrauen ihre Gesichtsbepflanzung auch ohne Damenrasierer oder Epiliercreme rubbeldikatz los.

Und das angeblich schon seit dem 15. Jahrhundert. Zu dieser Zeit wohnte bei Iserlohn ein extrem langbärtiger Typ, der angeblich Bock hieß. Der Name würde auf jeden Fall passen, denn Herr Bock hatte ständig Bock, und zwar auf Knutschen und ledige Mädels. Wenn er eine davon erwischte, wurde sie ungefragt geküsst und der Dame wuchs hernach ein schmuk-ker Bart. War die Neubebartete noch Jungfrau, konnte sie sich die Flusen anschließend mit dem Heilwasser des Ballotsbrunnens angeblich einfach wegwaschen. Ich finde das Ganze leider ein wenig an den Haaren herbeigezogen, denn die Sauerländerinnen, die ich so kenne, hätten dem alten Bock allesamt eins aufs gespitzte Maul gehauen.

Heute strömen an jedem Pfingstmontag Iserlohns bärtige Jungfrauen und zahlreiche frisch rasierte Damen und Herren in aller Herrgottsfrühe zu besagtem Ballotsbrunnen in der Nähe des Danzturms, denn ein Schluck des Brunnenwassers beseitigt nicht nur unerwünschte Gesichtshaare , sondern verlängert das Leben auch angeblich um ein weiteres Jahr. Ausgeschenkt wird das Wasser jeweils vom Schützenkönig und der Schützenkönigin des Iserlohner Bürger-Schützen-Vereins. Zur festlichen Zeremonie gehört traditionell der sogenannte Elfentanz, den elfengleiche Sauerländer Tänzerinnen auf der Wiese am Danzturm zu klassischer Musik aufführen. Natürlich gibt es anschließend auch ein buntes Rahmenprogramm, bei dem man den ungewohnten Wassergeschmack mit ein paar Pils leicht wieder loswird. Bartlose Jungfrauen, bezaubernde Elfen, Zauberwasser und Partystimmung: Nix wie hin!

Frühlingsklopperei | Sonnenvogelkloppen (Sonnenvogeljagen)

Wo? Unter anderem in Ostentrop, Alme und Oberhenneborn
Wann? Am 22. Februar

Die zünftige Klopperei ist bei uns ein beliebter Volkssport und so in etwa die sauerländisch-westfälische Variante des griechisch-römischen Zweikampfs. Ob Schützenfest, Kirmes oder Polterabend – eine zünftige Klopperei gehört dazu wie die Zwiebel auf das Mettbrötchen. In Ostentrop bei Finnentrop wird jedoch nicht fröhlich in die Fresse gekloppt, sondern alljährlich an die Türen. Denn auf Kathedra Petri oder Petri Stuhlfeier am 22. Februar, an dem Tag, der in vielen Gegenden als Frühlingsbeginn gilt, trifft man sich in Ostentrop zum traditionellen Sonnenvogelkloppen nach dem kirchlichen Hochamt am Feuerwehrhaus.

Die männliche Jugend und Väter mit ihren Kindern ziehen anschließend mit selbstgebastelten Holzhämmern von Haus zu Haus, um durch lautes Klopfen an Türen und Schwellen den Winter zu vertreiben, Ungeziefer zu verjagen und einen Sonnenvogel, also einen Schmetterling (Plattdeutsch: Sunnenviuel), als bunten Frühlingsboten aus seinem Winterversteck hervorzulocken. Dabei singen sie folgendes Liedchen:[1]

Riut, riut, Sunnenviuel!
Sünte Päiter is all dō.
Sünte Tigges folget nō,
is füör allen Düören dō.
Kläine Mius, gräote Mius,
alles Untuig iutem Hius.
Iut Kisten un Kasten,
iut allen Morasten,
iut Kellern un Muiern,
iut Schoppen un Schuiern.
In der Stäinkiulen dō saste inne verfiulen!
Bit gint Jōr um düese Teyt,
do kummet vey un raupet dey.

Alles klar? Nein? Dann hier für alle Nichtplattsprecher die
hochdeutsche Version:

Heraus, heraus, Schmetterling!
Sankt Petrus ist schon da.
Sankt Matthias folgt nach,
ist vor allen Türen.
Kleine Maus und große Maus,
alles Ungeziefer soll aus dem Haus heraus.
Aus Kisten und Kästen,
aus allen Ecken,
aus Kellern und Mauern,
aus Schuppen und Scheunen.
In der Steinkuhle sollst du verfaulen!
Bis nächstes Jahr um dieselbe Zeit,
dann kommen wir und rufen dich.

Wenn dann tatsächlich ein Sonnenvogel losflattern sollte, wäre das bestimmt ein gutes Zeichen, denn schon eine alte Sauerländer Bauernregel sagt: Die Nacht zu Petri Stuhl zeigt an, was wir noch 40 Tag für Wetter han. Wenn trotz allen Gekloppes statt eines Sonnenvogels meist nur der Hausherr aus der Tür kommt, bitten die Sonnenvogelklopper diesen natürlich nicht um den Frühling, sondern um Lebensmittel und Geldspenden: Der Sauerländer denkt halt praktisch. Das hart erkloppte Geld dient erstaunlicherweise nicht dem Getränkeerwerb, sondern Anschaffungen der Dorfgemeinschaft. Die gesammelten Fressalien werden direkt nach dem Umzug bei einem gemütlichen Beisammensein verteilt und vertilgt.

Wer Lust hat, bei dieser traditionellen Klopperei mitzumachen, ist in Ostentrop herzlich willkommen. Neukloppern wird sogar ein Leihhammer zur Verfügung gestellt. Ich glaube, dass diese Sonnenvogelnummer genau mein Ding wäre. Alleine schon, um mal mit Schmackes vor eine frisch furnierte Pressspantür zu kloppen, ohne Kloppe vom Hausbesitzer zu kriegen.

Im 30 Kilometer entfernten Oberhenneborn nennt man die gleiche Klopperei Sonnenvogeljagen. Bei dieser Sonnenvogeljagd gehen die einheimischen Schuljungen mit kleinen Holzhämmern durch den ganzen Ort. Früher marschierten sie dann singend dreimal um jedes Haus und kloppten mit den Hämmerkes an Zäune, Wände und Türen. Heute, im Zeitalter der effizienten Mobilität, haben die Oberhenneborner Jäuster natürlich keinen Bock mehr auf unnötig lange Wege, deswegen kloppen sie nur noch in den Eingangsbereichen der Häuser auf Treppen und Schwellen.

Trotz unterschiedlicher Klopptechniken in Ostentrop, Oberhenneborn, Alme und einigen weiteren Orten fängt der

Frühling in den verschiedenen Teilen des Sauerlandes nach meinen Recherchen absolut gleichzeitig an. Ist das nicht ein Hammer?

[1]Reinhard Pilkmann-Pohl: Plattdeutsches Wörterbuch des kurkölnischen Sauerlandes. Arnsberg: Strobel-Verlag 1988.

Wo? In Plettenberg-Böddinghausen
Wann? Bei der Aufnahme in den Gesangsverein oder
in die Dorfgemeinschaft

Um in den Böddinghauser Männerchor aufgenommen zu
werden, muss man ein lupenreiner Einheimischer, auf
Sauerländisch: ein Poahlbürger sein. Was macht man aber,
wenn ein Neubürger oder einer, der von woanders wech-
kommt, gerne mitsingen und aktiver Sangesbruder werden
will? Dann muss man ihn eben möglichst schnell und
unkompliziert zum Poahlbürger machen, entschied der
Chor. Aber nicht heimlich, still und leise, sondern öffentlich, laut und am besten mit einem schicken Ritual. Nur
welchem? Überall auf der Welt fanden die Böddinghauser
alte Riten, mit denen Novizen in Gruppen oder soziale
Gemeinschaften aufgenommen werden. Da gab es beispielsweise in England den Ritterschlag, bei den Seefahrern die
Äquatortaufe oder bei den Plettenberger Jäustern die obligatorische Mutprobe. Das half dem Chor aber nicht entschei-
dend weiter, denn Ritter gab es in Böddinghausen nur als
Schokolade im Konsum, der Äquator war zu weit weg und
eine piefige Mutprobe sollte es nun doch nicht sein. Also
schaute man sich im Sauerland um, suchte nach regionalen
Anregungen und fand sie endlich bei den Schnadegängern
(siehe Seite 60 nach Layout prüfen!!). Den Neubürger mit
dem Arsch dreimal auf einen Grenzstein oder Grenzpfahl
setzen, das klang gut. Sofort wollte sich ein Suchtrupp auf
den Weg machen, um die örtlichen Grenzsteine zu finden.
Da die Berge jedoch an diesem Tag besonders hoch waren
und es gerade zu plästern begann, überlegte man sich eine
Lösung, bei der man als Sänger nicht aus der Puste kommt

oder sich einen Halskatarrh holen könnte.

Zwölf Pils später war das Krempen oder Krempäsen erfunden. Dabei muss der neue Sangesbruder sich nach vorne beugen und erhält drei Schläge mit einem großen Gummihammer auf den Hintern. Damit es keine blauen Flecken gibt, hält ein Adjutant eine schmiedeeiserne Bratpfanne schützend vor den Allerwertesten. Warum eine Bratpfanne? Weil echte Sauerländer alle einen Bratarsch haben, vermute ich. Zum Abschluss gibt's dann noch einen Schnaps als Schmerzmittel. Das Ganze fand so großen Anklang bei den Einheimischen, dass mittlerweile auch nicht-singende Neubürger beim alljährlichen Dorffest des Böddinghauser Männerchors durch zünftiges Krempen zu Poahlbürgern gemacht werden. Beziehungsweise zu echten Krempäs, um es korrekt auszudrücken. Jeder Krempäs darf im Dorf fortan geduzt werden: Willkommen in Böddinghausen, du Bratarsch!

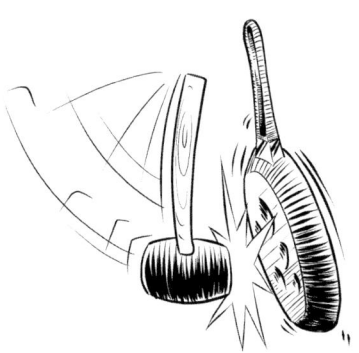

Helau und Alaaf

Vor langer Zeit und für lange Zeit hatte im Sauerland der Erzbischof von Köln das Sagen. Darum ist es nicht verwunderlich, dass bei uns in vielen Orten, genauso wie im Rheinland, volles Rohr Karneval gefeiert wird. Natürlich mit allen Schikanen, von der Weiberfastnacht über Büttenreden und Prunksitzungen bis zum Straßenkarneval mit liebevoll geschmückten Festwagen.

Ein paar feine Unterschiede zum Kölschen Karneval sollen hier jedoch nicht verschwiegen werden. Zum einen liegt das Sauerland ein paar Meterken höher als die rheinische Tiefebene. Deswegen ist es bei uns kälter als rund um den Dom, beim heimischen Karneval auch gern mal echt arschkalt. Wer sich da als Playboy-Hase oder Bademeister verkleidet, holt sich schnell was weg. Erfahrene Karnevalisten tragen daher Kostüme wie „Dicke Sauerländerin im Anorak" oder „Sturkopp mit Bommelmütze". Zum anderen kann sich das Sauerland als Region nicht auf einen gemeinsamen Karnevalsruf einigen. Hier bölkt man „Helau!", dort schreit man „Alaaf!", von dörflichen Varianten wie „PuLau" in Reiste oder „Colau" in Cobbenrode mal ganz abgesehen. Da klafft eindeutig eine Identitätslücke! Mein persönlicher Vorschlag wäre „Woll! Woll! Woll!", denn „woll" kennt jeder Sauerländer und es klingt doch wunderschön, woll? Und zu guter Letzt wird unserem Karneval kein pissdünnes Kölsch oder labbriges Alt verklappt, sondern quellfrisches Sauerländer Pils ausgeschenkt, unser Beitrag zum Weltkulturerbe.

Der kluge Karnevalist verplempert die närrische Zeit also besser nicht zwischen drängelnden Rheinländern oder bei „Mainz bleibt Mainz" vor der Glotze, sondern er fährt nach Arnsberg, Brilon, Sundern oder Menden, um nur einige der vielen Sauerländer Karnevalshochburgen zu nennen. Übrigens: Wenn im Festzug ein grüner Trecker mitfährt, den ein mürrischer Döskopp mit Hut und Gummistiefeln lenkt, bitte schöne Grüße bestellen. Das ist unser Onkel Eberhard, der verkleidet sich immer als original Sauerländer Landwirt.

Schnippedischnapp | Weiberfastnacht

Wo? In vielen Orten des Sauerlands
Wann? Meist am Donnerstag vor Aschermittwoch

Die Gleichberechtigung der Frau wäre für Sauerländerinnen ein Rückschritt. Wer meine Omma kannte, der weiß, dass die Weiber bei uns sowieso und immer schon das Sagen hatten. Am Stammtisch und nach der Kirche durfte unser Oppa das große Wort führen und die Welt in Ordnung bringen, aber im Hintergrund traf Omma Henriette alle wesentlichen Entscheidungen. Um die Männerwelt einmal im Jahr an dieses natürliche Kräfteverhältnis zwischen den Geschlechtern zu erinnern, wurde die Weiberfastnacht erfunden.

An diesem Tag übernehmen wilde Sauerländerinnen symbolisch die Herrschaft über die Region: Rein ins Kostüm, ran an den Speck. Die verkleideten Amazonen bilden innerstädtische Rudel, stärken sich mit Kleinen Feiglingen und ziehen in Richtung Rathäuser, die pünktlich um 11 Uhr 11 von ihnen gestürmt werden. In den überfallenen Orten muss der dortige Bürgermeister den Stadtschlüssel herausrücken. Zum Dank für die gewaltlose Übergabe schnippeln ihm die Weiber gnädigerweise statt dem Pinorreck nur die Krawatte ab und übernehmen so auch formal die Macht im Ort. Vor dem Rathaus bricht lauter Jubel los und die Einwohner feiern den offiziellen Beginn der fünften Jahreszeit. Die scherenschwingende Weibertruppe fällt ritscheratsche über die Krawattenträger des Ortes her und sammelt bunte Trophäen. Wer lange nicht geknutscht hat, weil er scheiße aussieht oder

Mundgeruch hat (oder beides), sollte sich jetzt mit mehreren Schlipsen aus der Altkleidersammlung unters Volk mischen. Denn wer sich seinen Schlips wehrlos abschnippeln lässt, bekommt zum Dank immer ein lecker Küsschen. Gern auch mal zwei oder drei, je nachdem, wie intensiv die Damen vorgeglüht haben. Mancherorts reicht den Damen der Rathaussturm jedoch noch nicht. In Drolshagen gibt es auf der Dräulzer Weiberfastnacht sogar einen großen Festzug mit bunten Karnevalsgruppen, Musikkapellen, reichlich Tschingderassa und etlichen Großwagen.

Abends feiern die losgelassenen Närrinnen überall im Sauerland mit feuchtfröhlichen Partys in Schützenheimen, Kneipen oder Festzelten weiter. Dort geht dann richtig die Post ab, Karneval in Rio ein Trauerspiel dagegen. Ich sage nur: Eintritt erst ab 18 Jahren! Es gibt sogar Dörfer und Städtchen, in denen während der Weiberfastnacht Freunde und Ehemänner zum Feiern an den Rhein geschickt werden, damit die Sauerländer Närrinnen auf ihrer Altweiberparty mal ganz unter sich sein können. Sagen sie jedenfalls. Denn kaum sind die Kerle singend auf der A4 in Richtung Köln, brausen ganze Busladungen strammer Holländer ins Sauerland, um sich auf den wilden Weiberfastnachtspartys aufopferungsvoll um die Daheimgebliebenen zu kümmern. Ein wichtiger Beitrag zum Erhalt der genetischen Vielfalt im Sauerland: Danke, Oranje!

Fütterung der Raubtiere | Lüttke Fastnacht

Wo? In Freienohl, Oeventrop, Menden, Olsberg,
Schönholthausen und vielen anderen
Orten des Sauerlands
Wann? Am Donnerstag vor Aschermittwoch

Wenn er dreimal an der Tür klingelt, will der Postmann vielleicht nur ein Päckchen ausliefern. Schellt es allerdings Sturm und draußen steht eine hungrige Satansbrut vermummter Zwerge, dann hilft nur noch ein Stoßgebet zum Heiligen Sankt Haribo. Bei den Zwergen handelt es sich zum Beispiel in Oeventrop um bis zu vierhundertfünfzig Kinder aus Kindergärten, Grund- und Hauptschulen, die auf der Lütken Fastnacht, dem letzten Donnerstag vor der Fastenzeit, erst in einem fröhlichen Karnevalszug durch den Ort ziehen und dann am Nachmittag traditionell an den Türen des Ortes klopfen, um was zum Naschen oder zum Trinken zu ergattern. Dieser Fastnachtsbrauch stammt aus einer Zeit, in der am Donnerstag vor Aschermittwoch zum letzten Mal geschlachtet wurde und im dabei gewonnenen Fett die leckeren, zuckersüßen Fastnachtskrapfen gebacken wurden. Ein Fest für alle kleinen Schmecklecker, an das die Lütke Fastnacht noch heute erinnert.

Wenn Horden hungriger Kinder samt Kindergärtnerinnen und Lehrerinnen über den Ort herfallen, sollte man bestens gewappnet sein. Kluge Einwohner kellern deshalb schon rechtzeitig billige Marzipankartoffeln ein oder entsorgen jetzt das hart gewordene Weihnachtsgebäck. Die meisten Drolshagener freuen sich schon das ganze Jahr auf den fröhlichen Besuch und backen Waffeln oder stellen Wurstbrötchen und Capri-Sonnen bereit, denn schließlich wird ihnen dafür ja auch ein kleines Ständchen gebracht:

Lüttke, Lüttke, Fastenacht,
wir hab'n gehört, ihr habt geschlacht,
ihr habt so ne dicke Wurst gemacht,
gebt uns eine, gebt uns eine,
aber nicht so ne ganze kleine.
Lasst das Messer sinken, bis in den fetten Schinken,
lasst uns nicht so lange stehen,
wir woll'n noch ein Häuschen weitergehen!

Damit das begleitende Erziehungspersonal den Umzug nervlich übersteht, wird ihm an vielen Haustüren ein Tablett mit Schnäpsen angeboten. Und da man Vorbildfunktion hat und es die sauerländische Höflichkeit so gebietet, greifen alle dankend zu und hauen sich das Zeug, ohne mit der Wimper zu zucken, hinter die Kiemen. Für ihren selbstlosen Einsatz zur Erhaltung eines uralten regionalen Brauches möchte ich dem Drolshagener Erziehungspersonal an dieser Stelle ganz herzlich danken.

Lasst uns auf die Straße gehen! | Straßenkarneval

Wo? Fast überall im Sauerland
Wann? Auf Rosenmontag oder Tulpensonntag

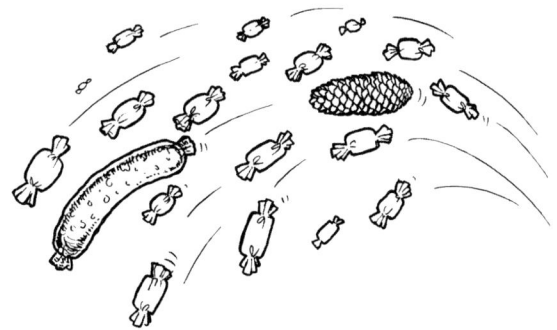

Natürlich sind die Karnevalsumzüge im Sauerland nicht ganz so lang wie in Köln, die Wagen etwas kleiner und es gibt etwas weniger Bömmsken, wie die Kamellen bei uns heißen. Aber was die Stimmung, die Verkleidungen und den Spaß betrifft, können wir locker mit den Rheinländern mithalten. Und das schon seit dem 17. Jahrhundert, so lange gibt es zum Beispiel die Mendener Fastnacht schon. Dort kommen bis zu 30.000 Zuschauer am sogenannten Tulpensonntag zusammen, am Tag vor Rosenmontag, um sich Festzug und Straßenparty ja nicht entgehen zu lassen.

Das ist doch sterbenslangweilig, dösig an der kalten Straße zu stehen und Bömmsken vor die Birne zu kriegen, höre ich da schon die Karnevalsmuffel mosern. Ihr habt ja keine Ahnung! Denn zum Straßenkarneval gehört schließlich auch die Vorfreude, das Kostümbasteln, das Vorglühen mit guten Freunden und das Gelächter, wenn Onkel Günter mit seinen dreieinhalb Zentnern als Biene Maja einschwebt.

Lustig macht durstig, und kaum ist die Festkarawane vorbeigerollt, geht es in den umliegenden Kneipen weiter. Nach ein paar Pilsken und der ersten Polonäse über den Tresen herrscht dort Bombenstimmung wie beim Karneval in Rio, besonders wenn Shakira Krämer von der Wursttheke im Konsum ihre Hüften beim unvermeidlichen Macarena gekonnt wackeln lässt. Da können sich die klapperdürren Sambamäuse rund um den Zuckerhut garantiert eine oder zwei Scheibsken von abschneiden!

Eine einmalige und besonders empfehlenswerte Variation zur Sauerländer Fastnacht ist der Karneval der Mendener Karnevalsgesellschaft Kornblumenblau, der seit 1998 im Zelt vor dem Rathaus stattfindet. Eine tolle Idee, denn so kann die Straßenfete ruckizucki in eine gemeinsame Riesenparty übergehen. Wer glaubt, dass unser heimischer Karneval nur eine verstaubte Tradition für alte Säcke in Uniformen ist, wird hier sofort eines Besseren belehrt. Also nichts wie rein ins Kostüm und ab ins fröhliche Getümmel. Und bitte volle Kanne mitgröhlen, wenn der Sultan Durst hat und das Pferd auf dem Flur steht. Alaaf und Helau!

Wer noch mehr über unsere Fastnacht wissen will, geht am besten ins Westfälische Karnevalsmuseum in Menden. Der Besuch lohnt sich, allein schon wegen der Luftschlangen-Wickelwalze und der historischen Konfettimaschine. Irgendwann wird hier bestimmt auch Onkel Günters Maja-Kostüm hängen, wenn wir ihn da unfallfrei wieder rauskriegen sollten.

Burn, Baby, burn! (Hoppeditzverbrennung Strohkerlverbrennen)

Wo? Zum Beispiel in Menden und Iserlohn
Wann? Hier am Veilchendienstag, dort am Aschermittwoch

In den Sauerländer Karnevalshochburgen endet die närrische Zeit mit der Verbrennung des sogenannten Hoppeditz. Dabei handelt es sich um eine frei erfundene Karnevalssymbolfigur, die am 11. November von den Toten aufersteht und die nächste Session einläutet. „Hoppeditz" bitte nicht verwechseln mit „Hottemax" oder „Hoppelmann", so heißen bei uns Pferde und Karnickel. Es gab übrigens auch mal eine Hittedutz, das war die fiese Ziege (Hitte) meiner Großtante Erna, die arglose Kinder gern mal mit den Hörnern rammte (dutzte). Die Ziege, nicht Tante Erna. Da war das Geheule bei mir fast so groß, wie das der Mendener Karnevalisten, wenn ihr geliebter Hoppeditz am Ende der Karnevalssession vor dem Alten Rathaus in Flammen aufgeht.

Das Abfackeln der traditionsreichen Puppe beendet den närrischen Ausnahmezustand und der normale Wahnsinn des Alltags zieht wieder ein. Auch der Stadtschlüssel, den die Narren bei der Rathauserstürmung kampflos vom Bürgermeister erhalten, muss wieder abgegeben werden. Allerdings nur bis zum 11. November, wenn alles wieder alles von vorne losgeht. Ganz nach dem Motto des berühmten Hollywoodfilms „Und ewig grüßt der Hoppeditz".

Die Iserlohner sind nicht so für Fantasienamen, bei ihnen heißt der Brauch einfach Strohkerlverbrennen und findet immer am Aschermittwoch statt. Bei einsetzender Dämmerung trägt eine dunkel gekleidete Trauergemeinde mit steifen Zylindern eine Strohpuppe feierlich auf einer

Bahre durch Iserlohns Straßen. Das Schauspiel wird von Fackelträgern und einem Spielmannszug begleitet.

Und weil die Iserlohner echt einen an der Klatsche haben – und das meine ich sehr, sehr liebevoll, denn einige meiner besten Freunde sind schließlich Iserlohner – wird der Strohkerl auf dem Weg zu seiner Kremation mit Heringen behängt. Auf der Iserlohner Alexanderhöhe wird der mit Feuerwerkskörpern gefüllte Strohkerl dann mit Brandbeschleunigern übergossen und mit einem dreifachen „Er brenne – hell!" feierlich angezündet. Anschließend gibt's Pils und Heringsstipp bei einem feucht-fröhlichen Leichenschmaus.

Wer oder was genau hinter diesem feurigen Brauch steckt, ist nicht ganz klar. Manche sagen, die Symbolfigur des Hoppeditz soll für alle Sünden büßen, die die Narren während der Karnevalszeit begangen haben. Glaube ich aber nicht, sonst müsste allein schon für meinen Kumpel Ömmes ein ganz, ganz großer Strohkerl verbrannt werden. Ich sage nur „Weiberfastnacht und Eisborn", woll, Ömmes!

Oster**bräuche**

Ins Sauerland kommt der Osterhase bekanntermaßen am liebsten. Nirgendwo sonst kann er seine Eier besser verstecken als unseren Wiesen und Wäldern. Und ich weiß, wovon ich spreche, denn das riesengroße Lindt-Schokoladenei, das Pappa und der Osterhase 1972 bei uns hinterm Haus versteckt hatten, ist bis heute nicht gefunden worden. Meinem kleinen Bruder ist das damals so auf den Magen geschlagen, dass er den ganzen Tag nicht Süßes mehr essen wollte.

Doch natürlich werden bei uns inner Heimat zu Ostern nicht nur ein paar Eierkes angemalt und versteckt, denn schließlich handelt es sich um das größte Jahresereignis neben Dortmund gegen Schalke und dem Schützenfest. Überall wird gefüchelt, gefackelt, gerasselt und gekracht, bis fast alle tausend Berge leuchten und die Gesichter der Kinder vor Begeisterung glühen. Diese einmalige Sauerländer Mischung aus heidnischen Bräuchen, christlicher Tradition und reichlich Lärm muss man einfach erlebt haben. Für alle, die lieber zuhause bleiben und sich nach rote Kinderbacken zum Osterfest sehnen, habe ich noch einen kleinen Tipp: Beim Ausblasen der rohen Eier nur oben ein Loch in die Schale stechen, auf das untere Auslassloch verzichten und die kleinen Racker dann tüchtig pusten lassen. Frohe Ostern!

Leuchtende Berge | Osterfeuer

Wo? Überall im Sauerland
Wann? Von Karsamstag bis Ostermontag

Auf die Bäume, ihr Affen, der Wald wird gefegt! Denn zwischen Karsamstag und Ostermontag werden überall im Sauerland verdorrtes Gestrüpp, trockene Zweige sowie fluchtunfähige Holzstöße auf einen großen Haufen geschichtet, um diesen später als feierliches Osterfeuer abzufackeln.

Dieser Brauch, der sogar noch älter ist als die Witze von meinem Onkel Albert, soll den Winter vertreiben und die Frühjahrssaat vor bösen Geistern schützen. Außerdem ist die übrig gebliebene Asche ein prima Düngemittel.

Die Höhe des Osterfeuers ist eine Frage der Ehre, und in einigen Gegenden kommt es zum echten Prestigekampf zwischen benachbarten Dörfern. Zehn Meter Gipfelhöhe sind keine Seltenheit. Die riesigen Holzstapel werden weithin sichtbar auf Feldern oder freien Bergkuppen aufgeschichtet. Organisiert von den Osterfeuerbaugemeinschaften darf jeder einheimische Pyromane mitmachen, wenn es gilt, Brennbares aus Wäldern und Schuppen zu zerren. Notfalls auch aus denen des Nachbardorfes. Schon während der Stapelphase werden die Holzstöße rund um die Uhr bewacht, damit es nicht zum Holzklau oder zur vorzeitigen Brandstiftung kommt. Ich persönlich fand das Verstecken von reichlich Stinkbomben im Stapel immer sehr unterhaltsam, die gaben dem Osterfeuerrauch im Nachbarort ein ganz besonders apartes Aroma.

Wenn der Stapel steht und es Ostern schön dunkel geworden ist, kommt der ganze Ort, um das Osterfeuer zusammen. Es gibt Grillwagen, die obligatorische Bierbude und bei extremer Kälte sogar einen großen Pott mit Glühwein. Wenn der Oberosterfeuermeister den Stapel mit einer Fackel entzündet, wird es immer besonders feierlich. Die Zuschauer halten ausnahmsweise minutenlang die Klappe, starren in die lodernden Flammen und lauschen dem lauten Knistern der Äste. Wunderwunderschön! Bis die erste Ratte, die im Reisig unterm Stapel ihr Nest gebaut hatte, fiepend in die Menge flüchtet und Tante Birgit vor Schreck den billigen Glühwein über ihren teuren Kunstnerz schwappen lässt.

Neugierige Ortsfremde sind natürlich jederzeit willkommen! Sie sollten aber wissen, dass es um Ostern herum oft noch sehr winterlich im Sauerland ist. Also regnerisch und arschkalt. Das kann dazu führen, dass das Osterfeuer durchnässt ist und mit Brandbeschleuniger zum Lodern gezwungen werden muss. Sprich: Es ömmelt ohne Ende. So steht man erst mal mit dem Gesicht im warmen Qualm und dem Arsch in der eiskalten Winternacht – nichts für Weicheier oder Frostbeulen, woll. Spätestens nach einer halben Stunde kriegt man aber wieder Luft und es wird herrlich romantisch und richtig warm. Muckelig, wie wir Sauerländer sagen. Außer am Arsch.

Weil Kinder, Jugendliche und Dorfdeppen es oft nicht bis Ostern aushalten können, leuchten hier und da schon Wochen vor dem Fest kleine Feuerchen, auf denen allerlei Müll vom alten Gartenschlauch bis zur kopflosen Barbiepuppe auf Brennbarkeit hin getestet wird. Mittendrin garen Kartoffeln, die später kohlrabenschwarz aus der Glut gefischt und gierig verkasematuckelt werden.

Solche Möchtegern-Osterfeuer sind natürlich verboten. Bei uns zu Hause genau seit 1970, als ich mit schwer versengtem Nylonpulli und schwarzem Gesicht hustend ins Haus torkelte und eine halbgare Kartoffel aufs Linoleum kotzte. Deswegen empfehle ich, auch zur Vermeidung von schwerer Senge, ausschließlich den Besuch amtlich genehmigter Osterfeuer. Die sind höher, sicherer und statt alten Kartoffeln gibt's frisches Pils.

Heiße Liebe | Poschefeuer und Poschemädchen

Wo? Zum Beispiel in Altenkleusheim
Wann? Zu Ostern

Auch in Altenkleusheim zünden die Einwohner zu Ostern ein großes Feuer an, hier bezeichnet man es aber als Poschefeuer. Die Vorbereitungen dazu übernehmen die Junggesellen des Dorfes. Sie knattern mit ihren Treckern in die Berge, wo sie reichlich Holzabfall und Fichtenschnitt laden, der danach zum Poschefeuer aufgeschichtet wird. Auch in Altenkleusheim muss der Holzstoß natürlich mit Argusaugen bewacht werden, damit ihn beispielsweise die Neuenkleusheimer Spitzbuben nicht vorzeitig im Wettkampf um das größte Feuer abfackeln.

Am Ostersonntagabend kommt der ganze Ort zusammen, um das Poschefeuer zu bewundern. Man singt gemeinsam Osterlieder und der warme Schein des Feuers sorgt für leuchtende Augen bei allen. Besonders bei den unverheirateten Jungen und Mädchen des Dorfes. Denn wenn das Feuer weit genug heruntergebrannt ist, werden schließlich die Poschemädchen verlost. Finde ich persönlich viel spannender als auf der Kirmes, wo man höchstens einen räudigen Riesenteddy gewinnen kann.

Die spannende Verlosung beginnt damit, dass die Namen der Jungs und Mädels auf kleine Zettel geschrieben und dann in getrennte Hüte gelegt werden. Danach wird ohne Rechtsbelehrung und notarielle Aufsicht zuerst aus dem Hut mit den Jungennamen ein Zettel gezogen und der Name des Gewinners laut ausgerufen. Der freut sich zunächst mal ganz verhalten, denn jetzt wird ihm gleich sein Altenkleusheimer

Mädchen zugelost. Nicht, dass er dabei eine Niete ziehen könnte, aber wie bei jeder ordentlichen Tombola gibt es halt Hauptgewinne und Trostpreise … Die Spannung steigt. Es wird aus dem Hut mit den Mädchennamen ein Zettel gezogen und der Name darauf ebenfalls laut ausgerufen. Die beiden ausgelosten Glücklichen bilden nun ein Paar. Dä!

Der Brauch verlangt, dass der Junge gleich am Ostermontagnachmittag mit einem Geschenk bei seinem Poschemädchen reinschaut und zum Dank dafür Ostereier von ihr serviert bekommt. Guten Appetit! Eierforscher vermuten übrigens, dass der Spruch „Wer Ostern mit Eiern spielt, hat Weihnachten die Bescherung" in Altenkleusheim entstand.

Oft schließen sich auch gleich mehrere der Jungs zusammen, um ihre Poschemädchen gemeinsam abzuholen. Sobald die Eier gemampft sind, geht es – wie im Sauerland nicht anders zu erwarten – in die nächste Kneipe, wo mit Freunden und Freundinnen gefeiert wird. Angeblich soll bei der Verlosung der Poschemädchen gelegentlich mal geschummelt worden sein, damit die wahren Traumpaare sich auch tatsächlich fanden. So wie David Beckham an seine Frau Posche Spice. Ich weiß aber leider nicht, ob die beiden aus Altenkleusheim stammen.

*Wo? In Hallenberg
Wann? In der Nacht
von Karsamstag auf
Ostersonntag*

Der Burschenverein Hallenberg lässt es zu Ostern richtig krachen und veranstaltet die wohl lauteste Nacht des Sauerlandes. Das Spektakel ist aber nicht nur einmalig laut, sondern auch einzigartig schön. Und sogar ein kleines bisschen gruselich, woll.

Eigentlich verläuft die Karwoche in Hallenberg typisch sauerländisch. Von Gründonnerstag bis zur Osternachtsfeier werden keine Glocken geläutet und in der Kirche keine Orgel gespielt. Selbst bei der Wandlung des Brotes im Gottesdienst werden von den Messdienern keine Schellen, sondern mit Holzklappern verwendet. Während die Gläubigen am Karfreitagmorgen gemeinsam den Kreuzweg hoch zum Hallenberger Kreuzberg gehen, baut die Hallenberger Burschenschaft schon ein gewaltiges Osterfeuer auf. Bei Anbruch der Dunkelheit folgen die Burschen mit Fackeln dem Kreuzweg und zünden anschließend das Osterfeuer an, dessen Flammen man weithin lodern sieht.

So weit, so gut, so Sauerland. Was sich jedoch in der Osternacht in Hallenberg tut, ist in Deutschland wohl einmalig. Kurz vor Mitternacht trifft sich die Burschenschaft mit

Fackeln auf dem Hallenberger Marktplatz an der Sankt-Heribert-Kirche. Dazu gesellen sich reichlich Schaulustige und vermutlich viele Ohrenärzte, die schon Termine für die Folgetage anbieten. Wenn die Turmuhr um 24 Uhr den letzten Schlag getan und den Beginn des Osterfestes verkündet hat, singen alle zusammen ein uraltes Hallenberger Passionslied. Unmittelbar nachdem das Lied und Omma Kampmanns Mezzosopran verklungen sind, geht richtig die Post ab und ein Wahnsinnslärm setzt ein. Fantastische Krachwagen und Lärmmaschinen heulen los, es wird mit Hämmern und Stäben auf Metall gedonnert, an Handsirenen gekurbelt und an riesigen Rasseln gedreht. Das Licht in Hallenberg verlöscht, und ein ohrenbetäubender Zug durch die Stadt beginnt. Vorne weg werden drei große, leuchtende Kreuze getragen. Ihnen folgen Hunderte von Lampions und zu guter Letzt die Lärmkrachgetöse-Gruppe. Mittendrin im Tohuwabohu signalisiert eine olle Landsknechttrommel, wenn alle still sein müssen und nur die mitgeführten schweren Rasseln rasseln dürfen.

Nach anderthalb Stunden kommt der Umzug wieder auf dem Marktplatz an. Das ist schon Gänsehaut pur, wenn sich der Platz mit Menschen und Lichtern füllt und der ohrenbetäubende Lärm in einem finalen Crescendo endet. Mit einem Schlag ist dann alles vorbei, wie bei Onkel Albert, als er trotz kaputter Glühbirne unbedingt in den Keller musste. Was willste machen?

Rumms! Lärm aus. Zack! Lichter wieder an. Abmarsch! Rein in die nächste Kneipe. Hören kann dort zwar keiner mehr was, aber die Wirte verstehen alle Zeichensprache: Ein Finger, ein Pils!

Zeigt her eure Brote | Attendorner Semmelsegen

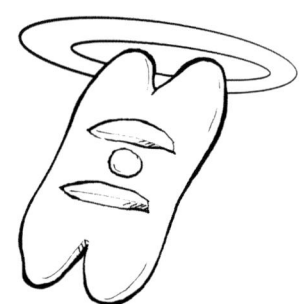

Jedes Jahr strömen am Ostersonntag tausende Gläubige zum Petersplatz in Rom, um vom Papst den Segen Urbi et Orbi zu empfangen und einen Ablass von ihren Sünden zu bekommen. Was für Kappesköppe! Preisbewusste Sauerländer sparen sich die hohen Reisekosten nach Italien natürlich. Als gute Katholiken wissen sie, dass es der Kirche ablasstechnisch schon reicht, wenn sie den päpstlichen Segen im Fernsehen, im Radio oder per Internet hören. Einmal kurz WDR einschalten, fertig ist die Laube! Zum Attendorner Semmelsegen am Karsamstag muss man hingegen schon seit 1658 persönlich erscheinen, und das natürlich samt obligatorischem Ostersemmel. Das Brot einfach einzuscannen und zur Segnung per Mail an den Pfarrer zu schicken, reicht definitiv nicht.

Am frühen Nachmittag kommen jede Menge Poahlbürger und Stadtbesucher an der Nordseite des Attendorner Doms zusammen, um dort ihre Semmel segnen zu lassen. Um den großen Brotbedarf decken zu können, lassen die Attendorner Bäcker die Öfen glühen und produzieren rechtzeitig zum Segen über zehntausend spezielle Ostersemmel. Die leckeren Module bestehen aus Roggen, Weizenmehl, Sauerteig, Salz und einer guten Prise Kümmel. Schmeckt obertöffte mit guter Butter, Knochenschinken und Gürkchen oben drauf!

Ein leckres Osterei dazu ist auch nie verkehrt. Jeder Ostersemmel hat an beiden Enden eine tiefe Kerbe. Warum das so ist, weiß eigentlich niemand so richtig[2]. Die einen sagen, dass die Form dem christlichen Symbol des Fisches entspricht, die anderen, dass der Semmel an germanische Ziegenhörner erinnert und heidnisches Brot durch den Segen zu Osterbrot gewandelt wird. Tante Ingeborg frisst es trotzdem nicht, die mag nämlich keinen Kümmel. Dabei macht der Kümmel im Ostersemmel absolut Sinn, denn wer tatsächlich 40 Tage vor Ostern gefastet hat und sich dann als erstes ein frisches Brot reinhaut, dem hilft Freund Kümmel bei der windarmen Verdauung.

Die geschlitzte Form des Ostersemmels hat übrigens meiner Meinung nach nichts mit Fisch oder Ziegen zu tun. Es handelt sich eindeutig um niedliche Hasenohren. Das passt prima zu Ostern, und wenn die kleinen Attendorner nach dem Semmelsegnen am Kümmel mümmeln, kann man allenthalben ihre schneeweißen Hasenzähnchen blitzen sehen.

---

[2] Das Märchen „Die Semmelschlacht um Attendorn" findet der geneigte Leser in meinem Buch: Sauerländer Märchenstunde. Zimmermann Verlag Balve, 2009.

Bimmeln verboten! | Klappern
(Kleppern, Klesbern, Kläpstern, Knärstern, Rätteln, Rasseln)

Wo? In vielen Orten des Sauerlands
Wann? Von Gründonnerstag
bis Karsamstag

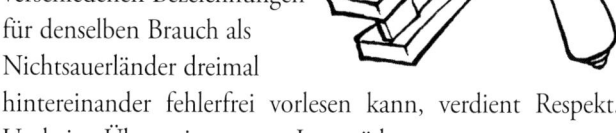

Wer die oben stehenden
verschiedenen Bezeichnungen
für denselben Brauch als
Nichtsauerländer dreimal
hintereinander fehlerfrei vorlesen kann, verdient Respekt.
Und eine Überweisung zum Logopäden.

Wie jedes Sauerländer Kind weiß, fliegen unsere Kirchenglocken am Gründonnerstag zum Läuten nach Rom. Sagte
schon Onkel Josef immer, und der musste es als Priester
schließlich wissen, woll. Ohne Glocken wird die
Kommunikation der Kirche mit den Gläubigen natürlich um
einiges erschwert. Mit einem Mal hört man das herrliche
Glockengeläut um sechs Uhr morgens nicht mehr und ver-
passt womöglich die tägliche Frühmesse vorm Frühstück.
Oder der ganze Schlafrhythmus gerät durcheinander, weil
man nicht mehr jede halbe Stunde vom Schlag der
Kirchenglocke wach gebimmelt wird.

Deswegen hat ein schlauer Sauerländer Pfaffe vor langer, langer Zeit das glockenfreie Lärmen erfunden. Obwohl
Kinderarbeit andernorts verboten ist, muss sich bei uns der
Sauerländer Nachwuchs traditionell ums Lärmen kümmern
und findet das sogar noch cool. Überall ziehen daher vor

Ostern die Kinder mit Holzrasseln durch die Orte, um alle Gläubigen an den Gottesdienst zu erinnern. So wurde wahrscheinlich der Begriff „Rasselbande" geprägt. Selbst die Messdiener gehen vor dem Gottesdienst mit Holzklappern um die Kirchen und verwenden bei der Eucharistie keine Schellen mehr, sondern kleine Klappern. Zusätzlich wird um sechs Uhr morgens, mittags um elf, am Karfreitag um zwei und abends noch mal um sechs von der Rasselbande geklesbert, gekläpstert, geknärstert, gekleppert, geklappert und gerättelt. Anschließend geht sie von Haus zu Haus, sagt einen kleinen Spruch auf und bittet um eine kleine Belohnung:

Die Fastenzeit ist nun vorüber,
es naht das frohe Osterfest.
Wir legen unsre Kleppern nieder
und wünschen euch ein frohes Fest.
Und viele Eier in das Nest!

Statt hart gekochter Eiern akzeptiert die Rasselbande natürlich auch Bargeld. Karsamstagnachmittags wird die Beute dann verteilt, wobei das berühmte Sauerländer Recht des Stärkeren gilt und die Älteren die Jüngeren nach Strich und Faden bescheißen. Und das ist auch gut so, denn spätestens, wenn die Kleinen nach drei harten Klesberkläpsterknästerklepperrätteltagen auf fünf Cent und ein angedötschtes Ei in ihren Patschehändchen schauen, haben sie wieder etwas fürs Leben gelernt. Oder besser gesagt, es klingelt bei ihnen. So wie die Kirchenglocken, die am Ostersonntag wieder zurück aus Rom sind und überall im Sauerland festlich läuten.

Ran an die Eier! | Eierpicken (Eierwerfen)

Wo?
Überall im Sauerland
Wann?
Wenn man auf Ostern
wieder mal zu viele Eier
gekocht hat

Diese Bräuche kennt wohl jeder, sie sorgen in unserer Familie jedenfalls bis heute für richtig Spaß auf Ostern. Beim Eierpicken, auch Eierticken oder Eierkippen genannt, stellen sich zwei Duellanten gegenüber auf, jeder hat ein hart gekochtes Ei in der Hand. Diese Eier werden dann mit den Spitzen aneinander getickt. Das Ei, das heil bleibt, hat gewonnen.

Das Eierwerfen findet auf einer Wiese oder auf dem Rasen hinterm Haus statt. Man schmeißt ein Ei hoch in die Luft, und wenn es bei der Landung heil bleibt, kommt es in die nächste Runde. Gewonnen hat derjenige, der das letzte unversehrte Ei besitzt.

Das hört sich ja vollschnarch an, werden jetzt die Nintendofrickler unter den Lesern denken. Recht habt ihr! Deswegen werden in vielen Familien die Wettkampfregeln leicht verändert, um die Eiernummer ein wenig zu pimpen. Bei uns ergab sich das automatisch, weil mein Vater und mein Onkel gute Handballer waren. Da flogen die Eier schon mal nicht einfach hoch in die Luft, sondern mussten übers zweistöckige Haus geschmissen werden. Auf der anderen Seite durfte ein Familienmitglied das landende Ei dann auffangen und wieder zurückwerfen. Wer als erster sein Ei nicht fing, musste drei hart gekochte Eier fressen, ohne etwas dabei zu trinken. Wer das einmal versucht hat, schmeißt sich beim nächsten Versuch sogar mit Vollschmackes in die Brennnesseln, um das verdammte Ei zu schnappen.

Wenn wir Kinder dann so richtig bei der Sache waren, schmuggelte Onkel Willi gern mal ein rohes Ei unter die Wurfware. Das kam dann aus gefühlten 100 Metern auf dich runter gesegelt, zerplatze in deinen hoch gereckten Händchen und saute dir den feinen Sonntagsanzug ein. Super!

Auch beim Eierpicken muss man sehr gut aufpassen: Nur Eier mit spitzen Kuppen haben wirklich gute Chancen. Deswegen bekommen die jüngeren Geschwister, die das noch nicht gepeilt haben, immer die rundesten Eier in die

Hand gedrückt und wundern sich, wenn sie nie in Runde zwei des Pick-Contests vordringen.

Irgendwann hatte ich mir, vom Eier-Ehrgeiz zerfressen, ein dickes Porzellan-Ei von Tante Erna besorgt. Das legte sie normalerweise bei jungen Hühnern ins Nest, damit die wussten, wo sie ihre Eier legen sollten. Ich hatte das Ding natürlich schön bunt angemalt und am Ostersonntag zum Eierpicken klammheimlich aus der Buxentasche gezogen. Die Schalenreste der Konkurrenz flogen mir nur so um die Ohren und nach zehn Minuten stand ich im Finale gegen den King of Eierpick, meinen Vater. Wir schauten uns kurz in die Augen und musterten einander wie zwei durchtrainierte Boxer vor dem Weltmeisterschaftskampf. Ein kurzer Händedruck, Onkel Willi erklärte noch einmal kurz die Regeln. Dann nahmen wir Pickhaltung ein und zückten die Kampfeier.

Ich war ein wenig schneller, Terence Hill nichts dagegen. Dafür hatte Papa mehr Dampf auf dem Ei, Typ Bud Spencer. Es klickte einmal laut und hart, aber sonst passierte nichts. Klar, denn Papa hatte sich ebenfalls ein Porzellanteil besorgt. Zur Strafe musste ich drei hart gekochte Eier verdrücken, ohne was dabei zu trinken – und Papa sogar fünf. Wohl bekomm's!

Klingeling, hier kommt der Eiermann:
Autor Michael Martin, 1963

Züge durch die
Gemeinde

Als ehemaliger Messdiener und Großneffe eines katholischen Pfarrers dachte ich immer, Prozession ist Prozession. Vorne wir Messbuben im Regen, dahinter der Priester mit der Monstranz unterm Baldachin, dazu ein paar Fahnenträger, hinten dran das Fußvolk und mitten drin Dolly Schulte, die dank eines leichten Dachschadens immer „Helau!" rief, wenn sie unter den Zuschauern am Straßenrand jemanden erkannte. Die wichtigste Prozession in meiner Heimatstadt Werdohl war auf Fronleichnam, von anglophilen Messdienern auch „Happy Cadaver" genannt. Diese Übersetzung ist sehr frei, die korrekte etymologische Erklärung von „Fronleichnam" kann man bestimmt googeln. Aber Vorsicht, denn laut Internet heißt „Fronleichnam" auf Lateinisch angeblich „Corpus Christi". Und ich weiß ganz genau, dass Corpus Christi kein Fest ist, sondern eine Stadt in Texas, denn dort wurde Pamela Ewing aus der Fernsehserie „Dallas" geboren.

Auf Fronleichnam wird jedenfalls überall im Sauerland volle Kanne prozessiert. Genau so, wie in Restdeutschland. Aber weil wir Sauerländer katholischer sind als der Papst, kommen wir mit einer popeligen Prozession pro Jahr natürlich nicht aus. Es gibt Dutzende, überall und fast zu jedem Anlass. Viele davon gehen auf alte Gelübde an Schutzpatrone zurück und haben eine jahrhundertlange Tradition.

Diese Züge durch die Gemeinde sind echte Highlights des Kirchenkalenders und ziehen Tausende von Gläubigen an. Wer mit Onlinebeichten und Priesterchatrooms genauso wenig anfangen kann wie ich, dem seien unsere regionalen Prozessionen als beeindruckende Beweise gelebten Glaubens wärmstens empfohlen. Aber beim Mitgehen bitte nicht „Helau!" rufen, woll.

Seuchenfrei dank Magdalena | Magdalenenprozession

Wo? In Holzen-Bösperde
Wann? Am 22. Juli

Schon in der Goldenen Legende steht, dass Maria Magdalena in die raue Wildnis ging und dort 30 Jahre unerkannt lebte. Und eine alte Bauernregel sagt: An Magdalena regnet's gern, weil sie weinte um den Herrn. Raue Wildnis und Regen, das hört sich schwer nach Sauerland an, und deswegen finde ich, dass Maria Magdalena eine töffte Wahl als Schutzpatronin von Holzen- Bösperde ist.

Im ausgehenden 17. Jahrhundert wurde sie von den dort lebenden Gläubigen angefleht, das heimische Vieh vor der damals überall in Deutschland grassierenden Rinderpest zu bewahren. Und weil wir Sauerländer Weltmeister im Beten sind, hat die Sache natürlich geklappt. Als kleines Dankeschön an die Schutzpatronin wurde das Gelöbnis abgelegt, immer auf ihrem Namenstag am 22. Juli eine feierliche Prozession zu veranstalten. Diese alljährliche Bösperder Magdalenenprozession gibt es nun schon seit über 300 Jahren.

Morgens um sieben Uhr beginnt an der Magdalenenkirche eine unterwegs immer länger werdende Prozession. Vorne weg Priester, Diakone und Messdiener, gefolgt von Gläubigen, den Fahnenabordnungen der lokalen Vereine, einer Musikkapelle und Wanderern, die sich das traditionelle Schauspiel nicht entgehen lassen wollen. Mit von der Partie ist selbstverständlich auch eine Abordnung des Schützenvereins, denn ohne den läuft auch in Holzen-Bösperde gar nichts. Vor allem nicht das später folgende Böllerschießen. Nach einer

Freiluft-Messe am Kapellenberg zieht die Prozession zur Vincenzkirche weiter. Und weil wir hier im Sauerland Schützen mit von der Partie sind, folgt dem abschließenden Te Deum natürlich noch ein gemeinsamer Frühschoppen.

Na dann, auf dein Wohl, Maria Magdalena!

Flammendes Inferno | Brandprozession

Wo? In Arnsberg
Wann? Am Dreifaltigkeitssonntag

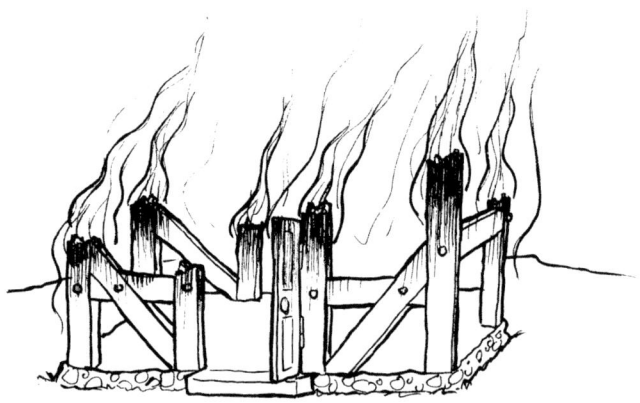

Wer in Arnsberg lebt, sollte unbedingt einen Feuerlöscher besitzen. Unglaublich, wie oft es dort im Laufe der Stadtgeschichte gebrannt hat. Alten Quellen zufolge so um die zehnmal. Am schlimmsten war der große Stadtbrand am 28. Mai 1600, einem Dreifaltigkeitssonntag. Damals brannte die gesamte Stadt vollständig ab, inklusive Rathaus. Klar, waren ja auch damals alles mit Stroh gedeckte Holzhäuser. Angeblich soll ein Knabe auf einem Hinterhof mit einer ollen Knarre gespielt haben, ein Schuss löste sich, knallte in das furztrockene Heu einer Scheune und schon brannte es lichterloh.

Da ein frischer Wind die Flammenglut überall gleichmäßig verteilte, brannte Arnsberg in knapp fünf Stunden komplett nieder. Dä! Erinnert mich an unseren vertrockneten

Adventskranz, der sich hervorragend zum Fücheln eignete und 1972 im Nullkommanix mitsamt besticktem Platzdeckchen darunter zu heißer Asche zerfiel. Leider schaffte ich es damals nicht ganz so schnell und spurlos zu verschwinden wie der Bengel, der Arnsberg auf dem Gewissen hatte.

Durch die Katastrophe schwer gebeutelt, gelobten die Bürger der Stadt Arnsberg im Jahre 1600 alljährlich am Dreifaltigkeitssonntag eine Bittprozession abzuhalten, um zukünftig von Bränden verschont zu bleiben. Eine schöne alte Tradition. Ich bin mir allerdings nicht so ganz sicher, warum es trotz Gelöbnis später noch sieben weitere Stadtbrände in Arnsberg gab. Gibt es, wie beim Joghurt, rechtsdrehende und linksdrehende Prozessionen, und in Arnsberg ging man immer verkehrt herum? Wurde nicht laut genug gebetet? Oder waren da etwa, wie meine Omma vermutet, diese Evangelischen dran schuld? Es könnte natürlich auch sein, dass es ohne die Brandprozession sogar noch mehr als nur die össeligen sieben Feuer gegeben hätte. Sachdienliche Hinweise nimmt die Arnsberger Feuerwehr gern entgegen.

Die Sache mit dem Loch im Hut | Norbertusprozession

Wo? In Arnsberg
Wann? Jeweils am zweiten Sonntag im Juli

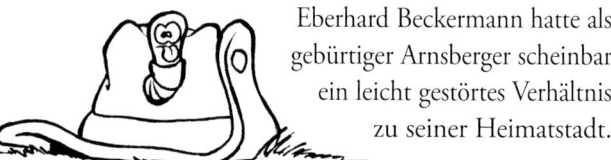 Eberhard Beckermann hatte als gebürtiger Arnsberger scheinbar ein leicht gestörtes Verhältnis zu seiner Heimatstadt.

Während des Dreißigjährigen Krieg machte er eine steile Karriere in der schwedischen Armee und brachte es sogar bis zum Rang eines Generals. Statt nun irgendwo dort fröhlich zu marodieren und zu brandschatzen, wo ihn keiner kannte, entschloss er sich, ausgerechnet Arnsberg zu belagern. Unterstützt von hessischen Truppen, von wem auch sonst, denn die Hessen fanden uns Westfalen schon immer verhauenswert. Wir sie andersrum natürlich auch, klare Kiste.

Ende Juni 1634 legte Beckermann los, als Erstes nahm er das Kloster Wedinghausen ein. War bestimmt saugefährlich, durch den Hagel von Gesangsbüchern und die Weihwasserkanonen bis in die Klosteranlage vorzudringen. Stramme Leistung, Herr General! Anschließend sollte Arnsberg dran glauben und man legte mit der damals üblichen Belagerung los. Da so eine Belagerung aber gern mal ein bisschen länger dauert, soll Beckermanns Eberhard zwischendurch mal kurz beim Grab seiner Eltern vorbeigeschaut haben. Ist schon praktisch, so eine Heimatstadtbelagerung. Aber wie der Beckermann da so grabpflegend inne Rabatten krost, knallt ihm jemand eine Gewehrkugel durch den schikken Generalshut. Päng! Das fand Beckermann nun überhaupt nicht lustig, denn bei Gegenwehr macht so eine Belagerung ja schließlich echt keinen Bock mehr. Dazu sah es auch noch nach Dauerregen und Hochwasser aus, also brach er den Arnsbergangriff ab und zog mit seinen Truppen nach Schwerte weiter. Damit sich die Sache zumindest etwas gelohnt hatte, fing man noch schnell einen Schwung Arnsberger ein, um später wenigstens ein bisschen Lösegeld kassieren zu können.

Arnsberg war jedenfalls gerettet, und am Hirschberger Tor der Stadt wurde eine Tafel genau dort angebracht, wo damals die Beckermann geltende Kugel in die Mauer eingeschlagen sein soll. Die Inschrift lautet: „Durch Blitz und Regen, hat Gottes Segen In St. Norberti Nacht, den Beckermann verjagt." Zum Dank für die Rettung der Stadt veranstaltet die Gemeinde seit 1646 die Norbertusprozession. Angeblich, weil der Heilige Norbert von Xanten bei Beckermanns Belagerung seine schützende Hand über die Stadt gehalten hat.

Gefällt mir, denn Norbertus war immer schon einer meiner Lieblingsheiligen. Ihm ist angeblich mal während einer Messe eine Giftspinne in den Kelch gefallen, die er aber voller Gottvertrauen einfach mitsamt Wein runterschluckte. Und siehe da, die Spinne killte ihn nicht, sondern krabbelte Norbertus zur Nase wieder raus. Dä! Also ich finde, dass ein Schutzpatron, der trotz ekliger Fleischeinlage einfach knallhart weitertrinkt, von der Grundhaltung her wunderbar ins Sauerland passt. Wie der dicke Lothar, der auf Schützenfesten immer die halbleeren Gläser einsammelte und trotz Fliegen drin und Lippenstift dran knallhart aussoff. Prost Lothar!

Endlich wieder katholisch! | Nepomukprozession

Wo? In Düdinghausen
Wann? Jährlich

„Heiliger Nepomuk, steh mir bei!", rief schon mein Großonkel Josef immer, wenn er die jährliche Stromrechnung bekam. Schließlich war er Pfarrer, und Nepomuk der Schutzpatron der Priester und Beichtväter. Auch in Düdinghausen bei Medebach spielt der heilige Nepomuk einmal im Jahr eine große Rolle, denn dort ist er der Dorfpatron, dem zu Ehren seit 1763 die Nepomukprozession stattfindet.

Düdinghausen war früher eine Freigrafschaft und so eine Art konfessioneller Spielball zwischen dem protestantischen Fürsten von Waldeck und den katholischen Kurkölnern. Die konfessionelle Zugehörigkeit wechselte immer wieder hin und her, bis der Ort 1663 offiziell den Katholen zugeordnet wurde. Das fanden die Waldecker ziemlich scheiße, und deswegen versuchten sie anschließend, evangelische Familien in Düdinghausen anzusiedeln. Da die Protestanten und

Katholiken damals nix voneinander hielten, hauten sie sich anfangs immer wieder mal was vor die Nürsel. Das legte sich dann über die nächsten Dekaden, vor allem, weil die protestantischen Familien nach und nach alle katholisch geworden waren.

Schlussakt des langen Glaubenstheaters war 1759 die Abreise des letzten protestantischen Pfarrers aus Düdinghausen, dem seine Schäfchen komplett abhandengekommen waren. Ich kann seinen letzten Seufzer in Düdinghausen förmlich hören, wie er da so mutterseelenallein in der Kirche steht, beim Durchzählen der Gläubigen auf null kommt und dann schulterzuckend das Gesangbuch zuklappt. Willst'e machen? Vier Jahre später wurde aus Dankbarkeit für den Wiedereinzug des Katholizismus die Nepomuk-Bruderschaft gegründet und gelobt, alljährlich eine Dankesprozession abzuhalten. Auch wenn heute keine Blumenteppiche mehr gestreut werden und Düdinghausen mit aktuell 459 Einwohnern nicht ganz zu den katholischen Weltmetropolen gehört, ist die Nepomukprozession immer noch ein beeindruckendes Schauspiel, bei dem das ganze Dorf mitmacht. Das ist Gemeinschaftssinn pur, seit 350 Jahren.

Wanderer, kommst du also demnächst ins wunderschöne Düdinghausen, kehre ein und trink einen auf den Heiligen Nepomuk. Solltest du aus dem Waldeckschen stammen oder ein Evangele sein oder – Gott behüte! – sogar ein Waldecker Evangele, behalte es aber lieber für dich. Sicher ist sicher, woll.

Betend durch die Nacht | Mendener Kreuztracht

Wo? In Menden
Wann?
Von Gründonnerstag
auf Karfreitag

Wir Sauerländer machen gerne durch, im Zweifelsfall auch mal die ganze Nacht. Das gilt nicht nur für's Saufen und Tanzen, sondern sogar für's Singen und Beten. Zum Beispiel bei der über 300 Jahre alten Mendener Kreuztracht, einer vorösterlichen Stundenprozession, an der traditionell Tausende Gläubige teilnehmen. Zwischen Gründonnerstag und Karsamstagmorgen ziehen sie jede Stunde von der Sankt-Vincenz-Pfarrkirche über den Kapellenberg wieder zurück ins Zentrum der Stadt, insgesamt 32-mal.

Vorneweg trägt ein Geistlicher der Stadt ein Reliquienkreuz, dahinter folgt die Kreuzgruppe mit einem leibhaftigen Jesus Christus. Der schleppt ein Holzkreuz, das so schwer ist, dass ihm ein sogenannter Licher jedesmal beim Auflegen auf die Schulter helfen muss. Zur Sicherheit gibt's gleich zwei Jesusse, die sich stündlich abwechseln. Niemand kennt die Namen der beiden mit dichtem Bart und langer Perücke verkleideten Darsteller, die Rolle wird jedes Jahr anonym zugelost. Deswegen gibt der Heiland bei der Kreuztracht auch garantiert keine Autogramme auf das Gesangsbuchbild, liebe Jesusfans und pickligen Teenager. Bei den Hauptprozessionen begleiten über 10.000 Menschen die Kreuzträger hoch zum Golgatha beziehungsweise Kapellenberg.

Wie die Kreuztracht entstanden ist, weiß natürlich mal wieder keiner so richtig. Ich finde die Geschichte am besten, laut der die Frau des Mendener Bürgermeisters 1684 volle Lotte die Pest hatte, unerwartet von dieser geheilt wurde und zum Dank versprach, eine Kapelle zu bauen und jeden Karfreitag eine Prozession abzuhalten. Soll zwar so nicht stimmen, es scheint mit einer privaten Abendwallfahrt begonnen zu haben, aber Pest kann man sich doch eindeutig besser merken als Privatwallfahrt, oder?

Maria, hilf! | Marienwallfahrt

Wo? In Hallenberg
Wann? Sonntags nach Maria Himmelfahrt

Irgendwann einmal blätterte unser Religionslehrer in seinem Taschenkalender und fragte uns, welcher kirchliche Feiertag wohl der unbekannteste wäre.

Wir Kurzen hatten natürlich keinerlei Peilung, schließlich hatten wir schon Schwierigkeiten, uns die bekannten Feiertage zu merken. Nach kurzer Wartezeit begann er zu grinsen, schaute uns dann an und rief: „Mariä Fehlstart, ihr Pfeifen! Der Tag vor Mariä Himmelfahrt!" Dann lachte er wie irre, verließ den Klassenraum und tauchte nie wieder auf. Missionar in Afrika, munkelten die einen, Trinkerheilanstalt in Dortmund, die anderen. Jedenfalls fiel er mir neulich wieder ein, als ich von der Marienwallfahrt in Hallenberg hörte.

Die findet traditionell am Sonntag nach Mariä Himmelfahrt statt und führt ein stattliche Anzahl festlicher Pilger zur kleinen Wallfahrtskirche Mariä Himmelfahrt, die mit über 700 Jahren noch älter ist als die schöne Stadt Hallenberg selber. In der Kapelle befindet sich das festlich mit Blumen geschmückte Bild „Unsere liebe Frau von Merklinghausen", auf dem eine thronende Madonna uns das Jesuskind zeigt.

Nach einem festlichen Outdoor-Hochamt neben der Kapelle wird dieses Gnadenbild in einer langen Prozession über die Hauptstraße zur Hallenberger Pfarrkirche getragen. Anschließend kann man Madonna und Sohn dort bis zum Abend anbeten und verehren. Ob man Maria dabei auch um Heilung von Krankheiten bitten kann, so wie die heilige

Bernadette in Lourdes, weiß ich jetzt nicht so genau, aber ein Versuch schadet sicherlich nicht. Breite Hüften und abstehende Ohren heilt sie jedenfalls nicht, das kann man überall im Hallenberger Sauerland deutlich erkennen.

Die Rückführung des Gnadenbilds erfolgt am späten Abend im Rahmen einer feierlichen Lichterprozession allererster katholischer Güteklasse. Und jeder, der glaubt, er glaubt nicht mehr, wird kaum glauben, wie sehr ihm die Marienwallfahrt in Hallenberg ans Herz gehen wird. Glaubt's mir!

Laterne, Laterne | Martinsumzug

Wo? Überall im Sauerland
Wann? Am 11. November

Sankt Martin war bei uns zuhause natürlich immer ein besonderer Knaller, denn welche Familie hat schon einen eigenen Namens-patron? Morgens in die Messe, mittags die Martinsgans, nachmittags Stutenkerle mit Butter futtern und danach zum traditionellen Martinsumzug. Jedes Kind brachte eine Laterne mit, Treffpunkt vor der Kirche. Nach Anbruch der Dunkelheit wurden die Papierlampions dann feierlich entzündet, unsere immer als Letztes, weil Papa nicht rauchte und statt eines praktischen Feuerzeugs immer nur ein feuchtes Streichholzbriefchen in der Manteltasche hatte. Meist war es so windig, dass die Teelichter in den Laternen ständig ausgingen, oder so nass, dass die mühsam im Bastelunterricht gestalteten Transparentkunstwerke nach fünf Minuten als traurige Papierklumpen von den Tragestangen bammelten. Wenn man Pech hatte, fing einer der Lampions schon vor dem Umzug Feuer und sorgte für richtig Stimmung unter den kreischenden Müttern und fluchenden Vätern.

Doch spätestens, wenn Sankt Martin hoch zu Ross auftauchte und wir uns hinter ihm zum Festzug aufstellten, kam echte Feierstimmung auf. Wir folgten dem Klepper auf seinem Weg durch die Straßen und sangen volle Pulle die größten Laternenhits:

> *Ich geh' mit meiner Laterne*
> *und meine Laterne mit mir.*
> *Dort oben leuchten die Sterne,*
> *hier unten, da leuchten wir.*
> *Mein Licht ist aus,*
> *wir geh'n nach Haus,*
> *rabimmel, rabammel, rabum.*

Oder:

> *Laterne, Laterne,*
> *Sonne, Mond und Sterne,*
> *brenne auf, mein Licht,*
> *brenne auf, mein Licht,*
> *aber nur meine liebe Laterne nicht.*

Irgendwann kam der Martinsumzug dann an der Kirche an. Dort wurde die Szene nachgestellt, in der Sankt Martin seinen Umhang zerteilt einem frierenden Bettler schenkt. Diesen Bettler spielte immer Fränki mit dem appen Bein, der das ganze Jahr neben seinem Flachmann auf der Bank neben der Kirche saß und eifrig für seine Rolle übte. Nach der Mantelnummer sangen dann alle das Martinslied, hier nur eine der unzähligen Strophen:

> *Sankt Martin, Sankt Martin,*
> *Sankt Martin zieht die Zügel an,*
> *sein Ross steht still beim braven Mann.*
> *Sankt Martin mit dem Schwerte teilt*
> *den warmen Mantel unverweilt.*

Sankt Martin reichte den roten Lappen nach unten, Fränki prostete dem römischen Soldaten zu und sagte „Petri dank!". Anschließend wurden die Laternen ausgeblasen und es gab Bratwurst und Bier für die erschöpften Eltern. Solche und ähnliche Martinsumzüge finden auch heute noch überall im Sauerland statt. Also ran an die Laternen, Feuer frei und fröhlich mitmarschiert!

Vorsicht, Märtenmänner! | Märten

Wo? In Teilen des Sauerlandes,
zum Beispiel in Willingen
Wann? Am Abend oder Vorabend des Martinstages

In einigen Orten des Sauerlandes ist der Martinstag mit dem
Umzug noch längst nicht abgeschlossen. Eine runde Sache
wird es erst, wenn die Kinder fantasievoll verkleidet von Haus
zu Haus ziehen, ein Martinslied singen und um Süßigkeiten
bitten. Zum Beispiel in Willingen, wo das Martinssingen
„Märten" heißt und die trällernden Kinder als Märtenmänner
bezeichnet werden.

Dazu gibt es sogar ein Märtenlied auf Willinger Platt, das die
Kurzen auch heute noch auswendig lernen. Klar, denn von
nix kommt nix, woll. Das Liedchen geht so:

> *Wenn Märten is, wenn Märten is,*
> *dann schlacht min Vader en Bock,*
> *dann danzet mine Moder, dann danzet mine Moder,*
> *dann fleget de raude Rock.*
> *Ich sui en kluinen Künich,*
> *giv mui nit te wennich,*

lot mik nit te lange stohn,
ick mot noch en Höisken wider gohn.

Für auswärtige Leser hier die Übersetzung:

Wenn Martinstag ist, wenn Martinstag ist,
dann schlachtet mein Vater einen Bock,
dann tanzt meine Mutter, dann tanzt meine Mutter,
dann fliegt der rote Rock.
Ich bin ein kleiner König,
gib mir nicht zu wenig,
lass mich nicht zu stehen,
ich muss noch ein Häuschen weitergehen.

Keine Ahnung, warum der Vater in Willingen ausgerechnet einen Bock schlachtet, vielleicht gab es damals gerade keine Gänse im Konsum. Mutters roter Rock im Lied zeigt, dass die patente Sauerländerin ihrem Ehemann beim Schlachten natürlich zur Hand geht, auch wenn das Blut nur so spritzt. Ja, sie tanzt sogar dazu, wahrscheinlich ein Hinweis darauf, dass im Hochsauerland beim Schlachten gern der eine oder andere Korn verkasematuckelt wurde. Während die Eltern also daheim im Blut waten, zieht ihr verzogener kleiner König bereits ungeduldig von Tür zu Tür und bittet nicht etwa um eine kleine Gabe, sondern verlangt gleich nach viel, und das am besten sofort, schließlich hat er nicht den ganzen Tag Zeit.

Das fröhliche Willinger Märtenlied: Ein wunderbares Dokument Sauerländer Festtagskultur.

Haste Töne?

BIMM BIMM BIMM...

Der Sauerländer ist eher wortkarg. Das merkt man schon, wenn man mit einem von uns durch die heimischen Wälder streift und statt lautem Gesabbel nur den Wind und hie und da ein Eichhörnchen furzen hört. Herrlich! Wenn wir dann doch ab und zu die Schnauze aufmachen, reichen uns oft schon zwei Buchstaben oder ein einziger Ton, um präzise auszudrücken, wofür andere lange Sätze brauchen. Hier ein kleines Beispiel:

Frage: „Hat Ihnen das Konzert gefallen, Herr Schulte?"
Höfliche Antwort: „Ich bin leider ein wenig enttäuscht, Dietrich Fischer-Dieskau klang etwas indisponiert. Trotzdem aber noch einmal herzlichen Dank für die Einladung, Frau Bundeskanzlerin!"
Sauerländer Antwort: „Nä."

Wer so viel verbale Disziplin übt, braucht natürlich ein Ventil, um akustisch Druck abzulassen. Deswegen wird im Sauerland trompetet, posaunt, gerasselt, geläutet und gesungen, dass es nur so eine Pracht ist. Zum Beispiel zu christlichen Anlässen, wenn bei uns Menschen hoch in die Kirchentürme steigen und die Klöppel mit der Hand direkt an die Glocke wämmsen. Wie beim Glöckner von Notre Dame, nur ohne Buckel und Esmeralda. Haste da noch Töne?

Die Glocken der tausend Berge | Beggern (Beiern)

Wo? Überall im Sauerland, wie in Menden, Willingen, Usseln und Eimelrod
Wann? An Festtagen und zu besonderen Anlässen

Sach'ma, hast du einen an der Glocke? In vielen Gemeinden des Sauerlandes kann der Pfarrer daraufhin mit einem stolzen „Ja!" antworten. Normalerweise wird sein Glockenspiel ja automatisch geläutet, aber an besonderen Festtagen von Ostern über Fronleichnam bis Silvester steigen unsere Begger- oder Bierleute seit Jahrhunderten hoch in die Kirchtürme und spielen dort persönlich die Glocken. Dazu werden die Klöppel in ganz bestimmten Rhythmen mit einem Seil oder direkt mit den Händen an den Anschlagring der Bronzeglocken gewämmst.

Richtiges Beggern oder Beiern, wie es in Menden heißt, will gelernt sein! Man braucht natürlich Schwindelfreiheit, aber vor allem viel Geschick und Musik im Blut, damit es nicht nur bimmelt und bammelt, sondern eine richtige Melodie entsteht. Jungbeggerer werden sogar an speziell für diesen Zweck angeschafften Tischglocken ausgebildet.

Jeder Ort hat seine eigenen, traditionellen Melodien. Man beggert zum Gottesdienst, wenn jemand gestorben ist, oder sogar Gebete wie das Vaterunser. Angeblich gab es früher sogar spezielle Beggermelodien, um sich über das Nachbardorf lustig zu machen. Stelle ich mir in etwa so vor: Bamm-bimm-bamm, ihr seid ja alle stramm. Bimm-bamm-bimm, eure Glocken klingen schlimm!

Da es in vielen Kirchtürmen große, mittlere und kleine Glocken gibt, braucht man für den richtigen Beggersound neben dem Beggermann an der Mittelglocke noch eine eingespielte Beggergruppe, damit alle Glocken abwechselnd bedient werden können. Und die muss ganz schön fit sein! Denn wenn beispielsweise der Beggermann in Usseln richtig loslegt, geht echt die Post ab und seine ganze Beggercrew gerät gehörig ins Schwitzen. Der Einsatz lohnt sich aber, denn wo anders auf der Welt hat man schon mal die Lambada vom Glockenturm bimmeln gehört? Ein Beweis dafür, dass die Glocken süßer nie klingen als bei uns im Sauerland!

Rettungsglocken | Schneeläuten

Wo? In Brilon
Wann? Vom 11. November bis zum 30. April

Weihnachtslieder sind zwar schön, nehmen es aber mit der Wahrheit nicht so genau. Süßer die Glocken nie klingen, als zur Wei-hei-nachtszeit, wird uns da zum Beispiel weisgemacht. Dabei gibt es noch einen viel süßeren Glockenklang. Und damit meine ich nicht den Klang, wenn man so richtig einen vor die Glocke bekommt, sodass man die Englein singen hört, sondern den Klang heimatlicher Glocken, die den Weg nach Hause weisen, wenn man vor den Toren der Stadt im Schneesturm halb erfroren über die Felder krabbelt und sich verirrt hast. „Wem passiert denn so ein Scheiß?", höre ich jetzt skeptische Leser fragen, gefolgt von einem besserwisserischen: „Das Sauerland liegt doch nicht in der Arktis, Alter!" Tja, meine lieben kleinen und großen Freunde daheim an den Lesegeräten, vielleicht sollten diese Besserwisser im Winter einfach mal nach Brilon fahren…

Denn dort, in dieser traumhaft schönen Waldstadt, werden vom 11. November bis zum 30. April jeden Abend um 20.55 Uhr traditionell die großen Glocken geläutet. Dieses sauerlandweit einmalige Gebimmel nennen die Briloner „Schneeläuten". Laut Überlieferung soll vor langer, langer

Zeit ein Briloner in stockschwarzer Dunkelheit und winterlicher Einöde seinen Heimweg verfehlt und nur durch das Läuten der Glocken in die Sicherheit der Stadtmauern zurückgefunden haben. Für die Rettung in allerhöchster Lebensgefahr hat er dann angeblich eine Stiftung gegründet, die sicher stellen sollte, dass der Glockenservice auch zukünftig Blindgängern und wandertechnischen Vollhorsten den Weg an Brilons warme Kachelöfen weisen würde.

Ob man es glaubt oder nicht, das Schneeläuten war für die damaligen Briloner wirklich notwendig. Für die Jahre zwischen 1740 und 1839 steht gleich bei 21 Todesfällen winterliche Witterung als Todesursache in den Briloner Totenbüchern. Um solchen Verlusten vorzubeugen, und damit jeder draußen verirrte Bürger auch ja nach Hause fand, wurden bei Schneestürmen früher sogar alle Briloner Glocken über mehrere Stunden oder im Extremfall die ganze Nacht hindurch geläutet. Ein Fest für alle Schlafgestörten und Frühaufsteher, kann ich mir vorstellen.

Wer also ins winterliche Brilon reist und keinen Bock auf das traditionelle Schneeläuten hat, sollte besser Ohrenstöpsel tragen. Außer bei Schneewanderungen vor der Stadt, natürlich.

Höchste Töne | Turmblasen

Wo? Unter anderem in Menden,
Meschede-Eversberg und Alme
Wann? Am Heiligabend

1928 beschlossenen die Mendener, dass die Heilige Nacht nicht unbedingt still beginnen muss. Statt am Heiligabend daheim in der dumpfen Stube zu hocken und Däumchen drehend auf's Christkind zu warten, pflegt man in Menden den Nachbarschaftsgeist und startet gemeinsam bei festlicher Musik in die Weihnachtszeit. Dass die Mendener von Tuten und Blasen keine Ahnung haben, wird dabei eindrucksvoll widerlegt.

Jedes Jahr kommen abertausende Menschen am Heiligen Abend zum Mendener Rathausplatz und nehmen an einer festlichen Feierstunde vor der Sankt-Vincenz-Kirche teil. Die heißt nicht nur Stunde, sondern dauert auch wirklich genauso lange, denn der Sauerländer hat es gerne pünktlich. Beierleute läuten die Glocken, festliche Musik erklingt und alle singen gemeinsam Weihnachtslieder.

Gänsehaut pur kommt garantiert spätestens dann auf, wenn oben auf der Turmballustrade der Kirche feierliche Posaunenklänge ertönen und die Turmbläser das Weihnachtsfest in Menden anblasen. Früher leuchteten dann gleichzeitig zahlreiche Weihnachtsbäume vor dem Rathaus auf, aber in Zeiten klammer Gemeindekassen reicht es heute nur noch für eine Fichte. Dafür ist es aber eine besonders schöne! Wer das Turmblasen einmal miterlebt hat, der weiß, dass es kaum etwas Besseres gibt, um den Geist der Weihnacht ganz hautnah zu spüren. Falls der Geist auf sich warten lässt, kann man sein Erscheinen natürlich mit zwei bis drei Glühwein noch etwas beschleunigen.

Chorluft mit Minzgeschmack | Weihnachtschor

Wo? In Plettenberg
Wann? An Heiligabend

Besonders schöne Traditionen halten sich bei uns auch gern mal etwas länger. So wie der wunderbare Plettenberger Weihnachtschor, den es schon gab, bevor Kolumbus versehentlich Amerika entdeckte. Genauer gesagt seit 1479, als die erste Orgel für die Plettenberger Kirche angeschafft wurde und die Vorsänger, die bis dahin den Ton der Gottesdienste angegeben hatten, mit einem Mal nicht mehr benötigt wurden. Eine Maschine hatte die Menschen ersetzt, und so wurde im innovativen Plettenberg schon vor 500 Jahren die heute weltweit verbreitete Arbeitslosigkeit erfunden.

Die verschworene Gemeinschaft der Vorsänger wollte sich dadurch allerdings nicht vom Singen für die Gemeinde abhalten lassen und man gründete den Weihnachtschor, der bis heute in der Heiligen Nacht ein feierliches Ständchen in Plettenberg gibt. Die Männer treten aber nicht nur auf, sondern sammeln dabei auch noch Geld. Im Gegensatz zu anderen weihnachtlichen Gesangsbrüdern setzen die Jungs vom Weihnachtschor die Knete aber nicht in Pils, Wurst und Strubbelige um, sondern finanzieren damit ihre große Weihnachtsaktion, bei der besonders bedürftige Plettenberger ein kleines Weihnachtspäckchen erhalten. So sind'se, die Sauerländer: Harte Schale, weiches Herz!

Viele Sänger im Weihnachtschor stammen seit Generationen aus alten Plettenberger Familien. So blieb diese Weihnachtstradition seit den Zeiten der Vorsänger erhalten, und auch heute noch singen manchmal Väter und Söhne im selben

Chor. Wer so viel Musik im Blut hat, der muss natürlich nicht ständig üben. Pavarotti hat ja auch nicht sein ganzes Leben lang Tonleitern geträllert, sondern meistens lieber Pasta gemampft. Also trifft sich der Weihnachtschor erst ab dem ersten Advent zu seinen Proben und schafft es dennoch locker, am Heiligabend auf den Punkt topfit zu sein.

Vielleicht liegt das Geheimnis der goldenen Chorkehlen auch an der Plettenberger Chorluft , einem Pfefferminzschnaps, der Stimmbänder besonders gut zu ölen scheint. Wer diese einmalige Chorluft gern mal schnuppern möchte und Lust auf Mitsingen hat, ist bei den Proben des Weihnachtschors herzlich willkommen. Neue Mitglieder werden immer gesucht, sie sollten allerdings männlich sein, Spaß am Singen in der Gemeinschaft haben – und aus Plettenberg stammen! Deswegen hat selbst Pavarotti es trotz etlicher Pfefferminzschnäpse seinerzeit nicht bis in den Weihnachtschor geschafft und musste leider weiter solo singen. Dä!

Grüße aus dem Morgenland | Sternsinger

Wo? Überall im Sauerland
Wann? Meistens am 6. Januar, dem Dreikönigstag

Wenn es am Dreikönigstag an der Haustür klingelt, ist es mit etwas Glück nicht der grinsende Vorwerk-Vertreter, sondern ein Trupp Sternsinger.

Dabei handelt es sich um Sauerländer Kinder, die sich als Heilige drei Könige verkleidet haben und im Auftrag der katholischen Kirchengemeinden Geld für einen wohltätigen Zweck sammeln. Sie führen einen großen Sternenstab mit, der daran erinnert, dass damals ein heller Stern die biblischen Könige zur Krippe mit dem Jesuskind leitete. Wer den Kindern Tür und Herz öffnet, wird mit einem Gebet, einem Gedicht oder einem Liedchen unterhalten.

Anschließend steckt man etwas Geld in die rappelnde Spendendose und die Könige schreiben mit geweihter Kreide die alte Segensbitte „C + M + B" und die aktuelle Jahreszahl an die Haustüren oder den Türbalken. C, M und B stehen für Christus mansionem benedicat, also: Christus schütze dieses Haus. Ab jetzt ist man wieder für ein Jahr vor Unglück und singenden Kleinkönigen sicher.

C, M und B sind auch die Initialen der Könige Caspar, Melchior und Balthasar. Da ich Messdiener war, musste auch ich meine Sternsingerpflicht erfüllen und bunt verkleidet mitlatschen. Wer Pech hatte, war der Melchior, der von unserem Pastor zur leichteren Unterscheidung kurz „der Schwatte" genannt wurde. Wenn die Karnevalsschminke nicht reichte, bekam man deckstarke Erdal-Schuhwichse in die Fresse geschmiert und stank beim Sternsingen wie ein Iltis. Meistens bekamen wir für unsere Singerei nicht nur was für die Sammelbüchse, sondern auch noch ein paar Süßigkeiten. Allerdings nicht von dem Alten, der drei Häuser neben der Kirche wohnte. Während wir eine Räuberleiter machten und den Segen oben auf seinen Türbalken kreideten, suchte er scheinbar in den Buxentaschen nach Kleingeld. Kaum stand der Spruch, streckte uns der olle Paias aber nur die Zunge raus und knallte die Tür vor uns zu. Tja, Segen für umsonst gibt's natürlich auch im Sauerland nicht! Also haben wir alles wieder weggewischt und stattdessen einen dicken Pimmel auf die Tür gemalt. Sah auch mit geweihter Kreide großartig aus. Anschließend war meine Sternsingerkarriere allerdings leider vorbei.

Heute hat die schöne, alte Tradition des Sternsingens leider Nachwuchsprobleme. Finde ich schade und verstehe ich gar nicht, denn man darf sich verkleiden, kriegt Süßigkeiten, tut etwas Gutes und sammelt Bonuspunkte für die Zensurenvergabe in Religion. Also los Kinder, der Pfarrer sucht drei Superstars! Und die schwarze Schuhwichse geht mit der Wurzelbürste und etwas Geduld ganz leicht wieder ab.

Song for Stefan | Steffenssingen

*Wo? In immer weniger Orten, wie Brachthausen,
Lenhausen, Frielentrop,
Wann? Am Stefanstag, dem zweiten Weihnachtstag*

Erst wusste ich gar nicht, ob ich den Brauch des Steffenssingens überhaupt noch erwähnen sollte, denn leider gehen vielen Ortschaften die Sänger aus. Früher war es Ehrensache, dass die unverheirateten jungen Männer von Haus zu Haus gingen und dort zum Dank für eine Wurst und einen Kurzen das schöne alte Stefanslied sangen. Hier die Lenhauser Version:

*Vater, Mutter – lasst euch nicht erschrecken,
wir sind dem Steffen seine Knecht.
Gebt uns einen Langen,
lasst den Kurzen hangen,
gebt uns einen Schinken,
könn' wir ein' drauf trinken,
gebt uns einen Schnurrekopf,
dem die Haare ausgerupft.
Lasst uns nicht so lange stohn,
woll'n noch ein Häuschen weitergohn.*

Wenn so laut geschmettert wurde, zeigten sich natürlich auch die ledigen Mädels am Fenster und an den Türen, um sich schon mal den richtigen Kerl für später auszusuchen. Nicht für später am Abend, sondern für später im Leben, denn vorehelichen Schabernack gab und gibt es nicht bei uns im Sauerland! Außer auf Schützenfest. Je mehr die Männer sangen, desto mehr bekamen sie zu trinken, und hinterher ging es natürlich noch auf ein paar gemeinsame Absacker in die Kneipe. Irgendwann verzichteten die Steffenssinger vielerorts auf die lästige Singerei und man traf sich direkt im Gasthof. Da ist es wärmer als draußen, und Mädels traf man da auch. Kann ich verstehen, finde ich aber trotzdem sehr, sehr schade! Dabei ist das Bringen eines Ständchens meiner Meinung nach wesentlich mutiger als so manche Jackass-Nummer. Sich einen Chinakracher in den Hintern schieben oder ein Brett vor die eigene Stirn nageln, kann schließlich jeder. Aber am Stefanstag öffentlich ein bekloppktes Traditionslied zu singen, das traut sich nur jemand, der keine Angst vor Frostbeulen und blöden Kommentaren hat. Zum Dank gibt es dann ja nicht nur Pils und kichernde Mädels, sondern mit etwas Glück vielleicht sogar den im Lied erwähnten rasierten Schnurrekopf, also einen Schweinskopf mit Glatze. Und wer kann so einem Sauerländer Leckerbissen schon widerstehen? Also nichts wie ran an den Speck, ihr tollkühnen Steffenssinger! Der Mutigste bekommt den leckeren rosa Rüssel![3]

[3]Wer mehr über das frühere Sauerländer Stephanusbrauchtum wissen will, liest am besten den tollen Beitrag von Heimatpfleger Bernhard Pauly unter www.brachthausen.de/html/weihnachtszeit.html

Rund ums Grünzeuch

Wir Sauerländer lieben unser Grün. Das Hellgrün junger Lärchen, das Fichtengrün unserer Weihnachtsbaumplantagen, dunkelgrün bemooste Lichtungen und sattgrüne Wiesen. Auch die Jacken unserer Schützenbrüder sind grün, und manchmal sogar die Hosen, wenn man über die Festwiese nach Hause gekrabbelt ist.

Da die Liebe zum Grün so tief verankert ist, gelten Salat und Gemüse im Sauerland als heilig und sind damit für den menschlichen Verzehr tabu. Wir ernähren uns traditionell ausschließlich von Wurst, Schinken und Braten. Alle ergänzenden Vitamine stecken glücklicherweise im begleitenden Pils, daher hat Skorbut im Sauerland nie eine Chance gehabt.

Grün ist die Farbe des Lebens, des Feierns und des Vergnügens. Das sieht und spürt man überall im Sauerland, so wie in den nachfolgenden Beispielen für Brauchtum rund ums Grünzeuch.

Voll die Kräuterpower | Krautpacken

Wo? In Sundern, Menden, Balve,
Hachen und weiteren Orten des Sauerlandes
Wann? Auf Mariä Himmelfahrt

Duftende Kräuter waren bei uns schon immer sehr beliebt. Schon als Kinder haben wir ihre Blätter gesammelt, getrocknet, in Zeitungs-papier gewickelt und heimlich gepafft. Die Größeren standen eher auf die afghanischen Heilgräser aus Ullis Heimplantage und etwas dünneres Papier – und fraßen anschließend den Kühlschrank von Ullis Mutter leer.

Das Sauerländer Krautpacken hat damit allerdings nichts zu tun, sondern meint das gemeinsame, traditionelle Pflücken von Heilkräutern auf Wiesen und an Waldrändern, das heute wieder immer mehr Anhänger findet. Denn schließlich helfen Sauerländer Kräuter nicht nur bei allerlei Zipperlein, sondern sogar gegen Zauberei, wie der alte sauerländische Spruch schon sagt: Baldrian und Dost und Dill, kann die Hex nicht, wie sie will.

Die Kräuterarten sind von Ort zu Ort unterschiedlich, Baldrian, Beifuß, Johanniskraut und Pfefferminze sind aber fast immer dabei. Beim Sammeln lernen Erwachsene und

Schulkinder unsere heimischen Kräuter kennen, und bei welchen Krankheiten und Wehwehchen sie helfen können. Unter sachkundiger Leitung und mit etwas Glück findet man dabei auch Naturschätze mit so wunderbaren Namen wie Fetthenne, Tausendguldenkraut, Quendel oder Frauenmantel.

Nach dem Krautpacken geht es ab in die Kirche, wo die Kräuter zu Sträußen gebunden und gesegnet werden. Früher sollten mit den Krautbünden daheim Feuer, Blitz und Hagelschauer abgewendet werden. Man hängte sie in den Stall, um sein Vieh zu schützen, streute einen Teil auf sein Feld, um eine gute Ernte zu erbitten, kurzum: Ein Krautbund gehörte in jedes Haus. Heute kann man die segensreichen Sträuße vielerorts gleich nach der kirchlichen Segnung bei den Sammlern kaufen, wobei der Erlös meist für einen guten Zweck eingesetzt wird. Also nichts wie ran an die Kräuter! Mitmachen, mitsammeln, mitlernen. Als Lohn winkt ein wunderbar duftender Sommergruß, der uns zuhause jeden Tag an die wunderbare Sauerländer Natur erinnert.

Ringelpiez rund um den Maibaum | Tanz in den Mai

Wo? In Meschede, Grevenstein, Küntrop
und anderen Orten des Sauerlands
Wann? In der Nacht vom 30. April auf den 1. Mai

Maibäume existieren bei uns noch nicht so lange wie in anderen Regionen der Republik.

Aber da wir die Sauerländer bekanntlich die längsten und schönsten Bäume haben, zumindest bei den Fichten, war es nur eine Frage der Zeit, bis auch bei uns der erste Maibaum zu sehen war. Dabei handelt es sich um schnurgerade Baumstämme, die erst wunderschön verziert und dann mitten im Ort aufgestellt werden. Rund um den Maibaum gibt es Tanz, Grillwurst und Bier, also genau jene drei Dinge, die sich jeder Einheimische von der berühmten guten Fee wünschen würde.

Am Vorabend des 1. Mai wird das lange Ding feierlich aufgestellt, danach geht die Veranstaltung nahtlos in einen gemeinsamen Tanz in den Mai über. Das Errichten des Wahrzeichens ist eine Wissenschaft für sich, ich kann das Zuschauen dabei nur wärmstens empfehlen. Während man sich mit Bier und Wurst die Zeit vertreibt, versuchen die kräftigsten Kerle des Ortes den Maibaum perfekt in Position zu bringen. Da sie sich vorher mit reichlich Hopfentonikum gestärkt haben und so ein Stamm sehr, sehr lang und sehr, sehr unhandlich ist, kommt es immer wieder zu atemberaubenden Balanceakten, bevor der mit Holzfiguren, Zunftemblemen und Vereinsschildern geschmückte Maibaum endlich fest verankert ist.

In einigen Sauerländer Städten und Gemeinden funktioniert der festliche Ringelpiez auch ohne Maibaum ganz prima. In Altena veranstaltet man den Tanz in den Mai zum Beispiel als Hexennacht, denn die Nacht auf den 1. Mai ist bekanntlich die Walpurgisnacht. Dabei geht es in der Burgstadt hoch her, denn schließlich regieren dort waschechte Sauerländer Partyhexen. Aber Vorsicht! Eine der Hexen hat meinen Vetter Klaus mal so verzaubert, dass sie ihn widerstandslos in ihr Knusperhäuschen entführen konnte.

Kampf der gelben Riesen | Sonnenblumenrallye

Wo? In Fretter
Wann? Immer im September

Manchmal gibt es neue lokale Bräuche, die so schön sind, dass man ihnen ein Überschwappen in die Nachbarorte und ein dauerhaftes Verbleiben im regionalen Veranstaltungskalender wünscht. So wie in Fretter, wo jedes Jahr bei der sogenannten Sonnenblumenrallye die höchste Sonnenblume des Ortes gesucht wird.

Der blumige Wettstreit ist immer ein voller Erfolg und über zweihundert Haushalte in Fretter nehmen begeistert daran teil. Den ganzen Sommer über werden die Sonnenblumenschätzchen mit Geheimrezepturen gedüngt und liebevoll gepflegt, und trotz einiger Sauerländer Regenattacken sind die Erfolge immer sehr beachtlich. In manchen Jahren erreicht so ein gelber Riese weit über drei Meter Scheitelhöhe, das ist so hoch, dass es selbst den Meisen ganz oben in den Blumenkernen ganz schwindlig wird. Am Stichtag der Sonnenblumenrallye, immer samstags, inspizieren strenge Juroren mit Messlatte, Maßband und Notizblock die Vorgärten Fretters und kontrollieren die Höhen der einzelnen Sonnenblumen. Wie bei jedem ordentlichen Wettkampf werden die Ergebnisse nicht sofort bekannt gegeben. Erst einmal trifft sich die Jury zur stillen Beratung auf dem Dorfplatz in Fretter, wo das große Rallye-Abschlussfest stattfindet. Dann werden die Messergebnisse im Rahmen einer gemeinsamen Bierprobe genauestens analysiert und auf wertvolles Kästchenpapier übertragen.

Die Resultate bleiben bis zum Folgemorgen streng geheim, denn schließlich wurden auch heimliche Wetten auf die Siegerhöhen abgeschlossen. Am Sonntag geht die Sonnenblumenparty nachmittags weiter. Höhepunkt ist die offizielle Bekanntgabe der Messergebnisse und die Preisverleihung an die fünf besten Sonnenblümler. Am besten gefällt mir, dass die ganze Familie bei dem Spaß mitmachen und anschließend mitfiebern kann. Ein Wettbewerb um die höchste Blume ist doch auch schließlich viel poetischer, als einer um die dickste Futterrübe, oder? Obwohl unser Omma das ganz, ganz anders sieht.

Powerbegrünung | Bäumchensetzen

Wo? In Attendorn
Wann? Alljährlich an drei aufeinanderfolgenden
Wochenenden im Mai und Juni

Schon in der Bibel steht geschrieben, der Mann solle ein Haus bauen, ein Kind zeugen und einen Baum pflanzen. Daran hält man sich überall im Sauerland, außer in Attendorn. Die kniepigen Attendorner hatten früher nur eine Bibel, aus der der Pastor dann sonntags vorlesen musste. So sparte man sich den persönlichen Bibelerwerb und auch das Lesenlernen im Allgemeinen. Als die Heilige Schrift im kalten Winter 1632 versehentlich von der Magd des Pastors verheizt wurde, musste man sich fortan mit mündlicher Überlieferung behelfen, der sogenannten Stillen Post. So kam es, dass in Attendorn heutzutage zuerst das Kind gezeugt wird, das danach sein Abitur bauen muss und zum Schluss auch noch das Bäumchen selber pflanzt. Oherre! Dieser Pflanzakt wird als Bäumchensetzen bezeichnet, ein alljährliches Ritual, bei dem für jeden Schüler, der an einem der beiden örtlichen Gymnasien sein Abi baut, je ein Laub- und ein Nadelbaum eingebuddelt wird. Das klingt superlieb und irgendwie gähn, ist es aber absolut nicht. Die wilde Begrünung, bei der alle

Oberstufenschüler mitmachen, beginnt in den elterlichen Gärten der jeweiligen Abiturienten. Dort werden ordentlich Löcher in den Boden gehackt, die Setzlinge hineingefriemelt und anschließend mit reichlich Bier begossen. Den Garten kann man hinterher wegschmeißen, Luftaufnahmen erinnern stark an Panzermanöver oder schwere Wildschäden. Gaudeamus igitur, Prost und Abfahrt des dazugehörenden Autokorsos zum nächsten Garten. Das Ganze kulminiert in einer Party unter freiem Himmel und dem Versuch, die Theorie des Pils-Leistungskurses in die Praxis umzusetzen.

Da die künftige geistige Elite des Südsauerlands auch beim Saufen gern geordnete Verhältnisse hat, existiert beim Bäumchensetzen eine klare Struktur. Die Eventplanung obliegt dem Organisationsteam, das die zu verwüstenden Gärten festlegt und die Reihenfolge, in der sie heimgesucht werden. Da beim Bäumchensetzen Hunderte Schüler und Dutzende bunt bemalter Spaßautos von Ort zu Ort bewegt werden, muss die Ortspolizei das Ganze natürlich noch gnädig abnicken. Um den praktischen Teil der Powerbegrünung kümmern sich Teams von Setzern mit Spitzhacken, die an den unterschiedlichen Setzstationen das Publikum anheizen und dann mit Anlauf und Schmackes jede Menge großer Pflanzlöcher in die schmucken Gärten hacken. Da bleibt kein Auge und keine Kehle trocken, selbst RTL war schon da und berichtete vom wilden Treiben der Attendorner Abiturientia, einfach mal „Bäumchensetzen Attendorn" bei Youtube eingeben, woll. Muss denn da so viel Bier getrunken werden? Und was sagen denn bloß die betroffenen Eltern beim Anblick ihrer gefrästen Gärten? Antwort eins: Jau. Antwort zwei: Die Eltern grinsen, schütteln mit dem Kopf und räumen klaglos auf, schließlich waren viele von ihnen selber einmal durchgeknallte Bäumchensetzer.

Ran an die Knollen! | Kartoffelbraten

Wo? Überall im Sauerland
Wann? Nach der Kartoffelernte im Herbst

Wir Sauerländer mögen es unkompliziert, auch bei der Nahrungszubereitung und -aufnahme. Herd, Grill, Töpfe, Tisch, Teller, Besteck, alles unnötiger Firlefanz. Man braucht nur ein bisschen Holz, ein Feuerzeug und einen Stock, schon kann es losgehen. Und nein, falsch vermutet, wir schieben keinen Frischling auf den Stock und grillen das possierliche Kerlchen, sondern uns genügsamen Waldbewohnern reicht an vielen Wochentagen im Herbst eine schlichte Kartoffel, unser Nationalgemüse. Den Frischling gibt's dann sonntags bei Omma.

Für das traditionelle Kartoffelbraten braucht man zunächst mal ein anständiges Kartoffelfeuer. Das dafür notwendige Brennmaterial lässt sich überall bei uns problemlos aus dem Wald zerren. Bitte keine Hochsitze demontieren, nicht mal die Stufen. Das gibt Ärger mit dem humpelnden Förster, vertraut mir, ich weiß, wovon ich rede. Das Anstecken dauert beim üblichen Herbstregen manchmal etwas länger, vom Gebrauch von Brandbeschleunigern sollte jedoch Abstand genommen werden, da man sich leicht die Augenbrauen und die Bommel der neuen Bommelmütze versengt. Anschließend hockt man um den brennenden Stapel, quasselt, schaut in den Sternenhimmel und wünscht sich, Ulli könnte besser Klampfe spielen. Sobald sich unter dem Feuer genug weißrote Glut gebildet hat, steckt man eine mittelgroße Kartoffel auf einen angespitzten Stock und schiebt sie in die Hitze wie in einen Backofen. Man kann auch warten, bis nur noch die Glut übrig ist, und die Kartoffeln darin verteilen.

Anfänger erkennt man an der geschmacksneutralen holländischen Bintjekartoffel, Kenner bevorzugen mehlig-festkochende Sorten aus heimischer Scholle. Nach einer Viertelstunde, bei größeren Knollen bitte Garzeit entsprechend verlängern, zieht man den Stock aus der Glut und stellt fest, dass die Kartoffel abgefallen und nicht mehr auffindbar ist. Spätestens beim dritten Versuch klappt es aber und eine Art großer Eierkohle mit Kartoffelfüllung wartet darauf, gepellt zu werden. Vorsichtig die dicke, schwarze Kruste entfernen und sich dabei nicht von Brandblasen an den Flossen entmutigen lassen. Jetzt die gegarte Kartoffel aufbrechen, das nach Rauch duftende Innere leicht salzen, falls vorhanden ein bisskn gute Butter drauf und dann mit geschlossenen Augen genießen. Einmalig gut!

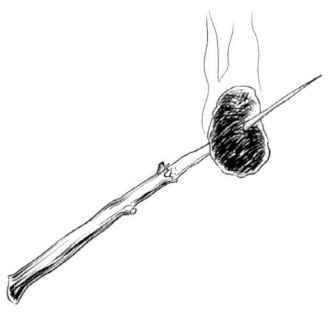

Als Kinder haben wir alle das herbstliche Kartoffelbraten geliebt, außer unser Mamma. Jeden zweiten Abend kamen wir von einem Kartoffelfeuer nach Hause, stanken wie die Iltisse und unsere muckeligen Strickpullis mussten alle von Hand gewaschen werden, eine Heidenarbeit. Während wir in der Wanne einweichten, damit sich Mief und Ruß von Haut und Haar lösten, planten wir natürlich schon das nächste Kartoffelbraten. Hauptsache, die Pullis waren bis dann wieder trocken.

Frische Ideen

Wann wird eine regelmäßige Veranstaltung eigentlich zum traditionellen Fest oder gar zu einem Brauch? Nach 1.000 Jahren, wie viele unserer Schützenfeste? Nach 500 Jahren, wie einige Sauerländer Märkte? Oder gibt es einen Oberbrauchtumswart, der entscheidet, wann etwas endgültig zu unserer regionalen Folklore gehört?

Mir ist das jedenfalls piepegal, schließlich ist das mein Buch hier, woll. Und dort gehören auch all die tollen neuen Ideen, Feste und Veranstaltungen hinein, die langsam, aber sicher zu wichtigen Bestandteilen des Sauerländer Jahreskalenders werden beziehungsweise schon geworden sind. Einige davon gehen auf Initiative einzelner Personen zurück, andere wurden vom Stadtmarketing der Kommunen entwickelt oder waren ganz einfach erfolgreiche Schnapsideen ein paar Bekloppter. Als gebürtiger Sauerländer vermute ich allerdings, dass Schnaps irgendwie immer eine Rolle spielte…

Was Vergangenheit und Gegenwart in unserer Region nahtlos miteinander verbindet, sind drei wesentliche Dinge: wetterfeste Kleidung, lecker was im Glas und Spaß in der Gemeinschaft. Also nichts wie rein ins Getümmel, mitfeiern und mitstaunen!

Das Sauerland rockt! | Barendorf Rocksommer

Wo? In Iserlohn
Wann? Den ganzen Sommer lang

Dass im Sauerland nicht nur Jagdhorn und Schellenbaum gespielt werden, weiß man ja spätestens seit Nena, Extrabreit, Zoff und der PeeWee Bluesgang. Bei uns gibt's das ganze Jahr fröhlich was auf die Ohren, die volle Dröhnung von Folkrock über Hard Rock bis Death Metal. Den Barendorf Rocksommer gibt zum Beispiel schon seit fast 20 Jahren, und damit gehört er ganz klar zu den regionalen Traditionsveranstaltungen.

Die rockige Konzertreihe umfasst gleich mehrere Termine, die über den ganzen Sommer verteilt liegen. Dabei treten jede Menge Bands auf, die jeweils ganz unterschiedliche Stilrichtungen zum Besten geben. Das Ganze findet in der historischen Fabrikanlage Maste-Barendorf statt, einer unter Denkmalschutz stehenden Industrieansiedlung aus dem 19. Jahrhundert. In den zehn Fachwerkhäusern befindet sich ein töfftes Museums- und Künstlerdorf, das auch außerhalb der Konzerte absolut eine Reise wert ist.

Wenn es an diesem geschichtsträchtigen Ort richtig rockt und junge Sauerländer die alten Gemäuer mit Gelächter und neuem Leben füllen, ist das ein deutlicher Beweis dafür, dass geiles Heimatfeeling keine krachlederne Volksmusik braucht. Und dazu ist auch noch der Eintritt frei! Na ja, fast frei jedenfalls, statt eines Tickets muss man einen Barendorf-Bierkrug kaufen. Der kostet allerdings nur ein paar Öcken und passt absolut zum Rocksommer, denn Rock ohne Bier ist schließlich wie Buxe ohne Arsch, woll.[4]

[4]Weitere Infos gibt's unter www.barendorf-rock.de.

Alles hinsetzen, bitte! | Nacht der langen Tische

Wo? In Hagen, Meinerzhagen,
Wehringhausen und weiteren
Orten des Sauerlands
Wann? Bei großem Durst und
anderen wichtigen Anlässen

Manche Traditionen sind so frisch, wie das Pils bei Pöngse im Alt Werdohl. Wie zum Beispiel die Nacht der langen Tische, die seit einigen Jahren in Innenstädten, Fußgängerzonen und Nachbarschaften überall im Sauerland veranstaltet wird. Bitte nicht mit der Nacht der langen Messer verwechseln, die gibt's bei der Rallye Monte Carlo, oder mit der Nacht der langen Debatten, in der meine Frau diesen unbekannten Büstenhalter in meiner Sporttasche entdeckte.

Bei der Nacht der langen Tische werden vielmehr legendärer Sauerländer Dauerdurst und eine große Portion Gemeinschaftsgeist von aktiven Bürgergruppen oder

Stadtmarketingleuten unter einen Hut beziehungsweise an einen Tisch gebracht. Die Idee ist im Prinzip ganz einfach: Jede Menge Biergarnituren der Länge nach aufstellen, schöne Deko drauf, fertig. Dazu ein abwechslungsreiches Unterhaltungsprogramm mit Straßenkünstlern, Musikern und lokalen Entertainern, und schon kann es losgehen, meist bis weit nach Mitternacht.

Natürlich kommt auch lecker was auf die Gabel und ins Glas. In Meinerzhagen kann man sich sogar das Gedrängel am Bierwagen sparen, denn hier gibt es außer Glasbier auch praktische Fünf-Liter-Fässchen zum Selberzapfen direkt an den Tisch. Aber es kommt noch besser: Wer in der Volmestadt seinen muckelig warmgesessenen Sitzplatz nicht verlieren möchte, braucht zum Nachschubkauf nicht einmal aufzustehen! Ambulante Versorgungsmitarbeiter sorgen mit Rucksack-Zapfanlagen dafür, dass nie zu viel Luft in den Gläsern steht.

Selbst wenn es manchmal ein wenig dabei plästert, ist das nicht weiter schlimm, denn für große Standregenschirme, wie Sonnenschirme im Sauerland genannt werden, wird überall gesorgt. Die Schirme verhindern nicht nur, dass das Pils zu dünn wird, sondern sorgen gleichzeitig dafür, dass alle noch enger zusammenrücken. Vorsicht ist nur geboten, wenn meine dicke Tante Ilse sich mitten auf die Bank quetscht, denn plötzlich hängt man auf den Außenpositionen mit dem halben Arsch im Regen und kommt nicht mehr an sein Pils. Das nennt dann man die Nacht der langen Gesichter.

Ab in die Höhle! | Schanhollenfest

Wo? In Kierspe
Wann? Alle zwei Jahre, jeweils im Sommer

Es gibt unzählige Sauerländer Sagen und Mythen über Hexen, Elfen, Geisterziegen und sonstigen Spuk. Die meisten dieser Figuren verstauben in wissenschaftlichen Abhandlungen oder schlecht erzählten Kurzgeschichten. Geht ein Bauer nachts durch den Wald, steht da eine komische Ziege. Am nächsten Tag steht sie nicht mehr da. Fertig. Kein Wunder, dass unsere Sagen so in Vergessenheit geraten. Ein dreifach Hoch daher den Veranstaltern des Schanhollenfestes in Kierspe!

Hollen, Schanhollen oder Schanhölleken sind mythische Sauerländer Höhlenbewohner. Sie lebten früher zum Beispiel in der Nähe von Bödefeld, wo der Felsen Hollenhaus nach ihnen benannt wurde. In Bödefeld erschienen die Hollen in Gestalt hilfreicher Waldfrauen. In Kierspe, wo die Menschen bekanntermaßen etwas schreckhafter sind, als kleine, elfenartige Wesen. Im Morgengrauen kletterten sie aus dem Hülloch, einer Höhle am Waldrand vom Kierspe, und halfen den Bauern, ihr Vieh zu hüten. Zum Dank dafür deponierte einer der Bauern immer ein Bütterken für sie auf seinem Zaun. Als er den Schanhollen jedoch einmal statt Stulle was zum Anziehen hinlegte, nahmen die Zwerge die Klamotten zwar an, verschwanden danach jedoch auf Nimmerwiedersehen in ihrem Kiersper Heimatberg.

Da war es doch eine naheliegende und gleichzeitig tolle Idee, den Kierspern im Rahmen eines Schanhollenfestes am Hülloch die eigene Legende auf spannende Art und Weise näher zu bringen. Dort kann man unter sachkundiger Führung den Eingangsbereich der Höhle erkunden, es gibt ein buntes Bühnen- und Rahmenprogramm, plattdeutschen Spaß und sogar etwas Theater. Für das Entertainment der eigenen Zwerge ist ebenfalls gesorgt.

Außerdem bietet das Schanhollenfest noch eine ganz besondere regionale Spezialität, und zwar die wunderbare Sauerländer Forelle. Die ist mindestens so groß wie ein Schanhölleken, schmeckt frisch geräuchert unglaublich gut, und mit einem Pils dazu sogar mythenmäßig bis sagenhaft!

Ja, so warn's die alten Rittersleut | Mittelalterfest

Wo?
In Arnsberg, Altena
und weiteren Orten
des Sauerlands
Wann?
Lokale Veranstaltungshinweise
beachten

Da es im Mittelalter bei uns nicht so richtig viel zu feiern gab, außer vielleicht die Erfindung des großen Bierhumpens, holt man die ausgebliebenen Feste der Zeit in vielen Städten des Sauerlands einfach nach. Zum Beispiel in Altena, wo eine herrliche Burg hoch über der Lenne thront und die passende Kulisse für ein zünftiges Mittelalterfest bildet. Am Berg gegenüber der Burg lag meine Penne, und wenn einem im Kunstunterricht nix einfiel, malte man das olle Gemäuer mit Tusche, mit Wachsmalstiften oder Wasserfarben. Unser Kunstlehrer legte beim Blick auf meine Meisterwerke oft väterlich seine Hand auf die Schulter, schüttelte seufzend mit dem Kopf und empfahl mir eine Karriere jenseits der bildenden Künste.

Wären damals schon stolze Ritter, kunterbunte Gaukler und tief dekolletierte, üppige Freifräuleins rund um die Burg aufgetreten, so wie beim Altenaer Mittelalterfest, hätte mich das bestimmt zu fantasievolleren Klecksereien inspiriert. Vor allem die üppigen Freifräuleins. So um die fünfhundert Altenaer schlüpfen jedes Jahr in historische Kostüme und ziehen unter Trommelklängen und Hufgetrappel zum Mittelaltermarkt hoch zu ihrer schön renovierten Burg.

Vorneweg zwei Esel, dahinter der gräfliche Hofstaat, gefolgt von Narren, Landsknechten, Rittersleuten und Onkel Erwin samt Kehrblech, Letzterer wegen der frischen Pferdeäpfel gegen Erwins Rheuma. Es klingen die Fanfaren und mit dem Fassbieranstich beginnt der gemütliche Teil auf dem Burghof. Dort gibt es, wie auch unterhalb des Burgbergs, bei den vielen angereisten Händler aus dem Morgenland den üblichen Schnickschnack zu sehen und zu kaufen. Kluge Verbraucher legen ihr mühsam Erspartes allerdings gleich in Pils an, denn damit macht man sich schließlich selbst die größte Freude, woll.

Das dreitägige mittelalterliche Großereignis zieht weit über 20.000 zahlende Gäste an, deswegen sollte man entweder zu Fuß kommen, den praktischen Pendelbus nutzen oder so richtig zünftig, im Papageienkostüm auf dem eigenen Eselchen einreiten.

Runter von der Weide! | Viehabtrieb (Egge)

Wo? In Altenfeld, Rösenbeck und weiteren Orten
Wann? Gegen Ende des Sommers

Ja, Sakrateifi noch amol, bin i denn in Bayern? Nein, du Sepp, du bist im wunderschönen Altenberg, wo alljährlich im September ein großer Viehabtrieb stattfindet. Wohlgemerkt: Groß! Da wird nicht einfach eine braune Kuh mit Plädder am Arsch die Dorfstraße entlanggezerrt, sondern hier in Altenfeld geht es fast so zu, als würde Deutschlands nächste Superkuh gesucht.

Die gescheckten Schönen werden geduscht, geföhnt, mit Blumen geschmückt und nehmen dann am Festumzug durch das Dorf teil. Kälber, Pferde und Ziegen dürfen auch mitmachen und sehen teilweise so niedlich aus, dass man sich glatt in sie verlieben könnte. Vor zwei Jahren soll es deshalb sogar zu einem kleinen Skandal gekommen sein, weil ein Zuschauer seine Ehefrau an einem Altenberger Laternenpfahl anleinte und mit einer kleinen Ziege nach Italien durchbrannte. Angeblich, weil die Hitte nicht nur besser aussah, sondern auch weniger meckerte.

Außer den herausgeputzten Vierbeinern nehmen ebenfalls Musikgruppen, lokale Vereine, historische Wagen und Kutschen am großen Umzug teil. Das Rahmenprogramm ist natürlich auch allererste Sauerländer Sahne und auf dem Altenberger Bauernmarkt kommen Shoppingfans voll auf

154

ihre Kosten. Angeblich decken sich hier sogar gekrönte Häupter, wie beispielsweise der Schützenkönig und seine Königin, mit Hausmacherwurst und Handarbeiten ein. Wer sich für Diesel, dicke Reifen und Bauernboliden interessiert, dem sei die landwirtschaftliche Maschinenausstellung gleich nebenan wärmstens empfohlen. Lass röhren, Heinz! Nichts für schwache Nerven ist dann schließlich der traditionelle Sauerländer Zweikampf aus Wettmelken und Bierkrugstemmen, bei dem garantiert keine Kehle und kein Auge trocken bleiben.

In Rösenbeck bei Brilon holt man die Kühe ebenfalls im Herbst von der Hochweide, und zwar immer am Samstag vor Erntedank. Dieser regelmäßig stattfindende Almabtrieb hat sogar einen ganz eigenen Namen: Eggeabtrieb oder Egge. Vorneweg fährt bei der Egge ein Leiterwagen mit der Erntekrone, gefolgt von Trachtengruppen, Jagdhornbläsern, Reitern, festlich geschmückten Kühen und allem, was Haus und Hof so an großen und kleinen Tieren zu bieten haben. Meine Favoriten: Die Handwagen mit Karnickeln, Hühnern und Gänsen, gezogen vom stolzen Dorfnachwuchs, sowie die nostalgische Treckerparade. Ach ja, und wer sich geschickt anstellt, wie man das Vordrängeln im Sauerland nennt, kann beim Eggeabtrieb sogar kleine Geschenke abstauben. Keine össeligen Kamellen wie beim rheinischen Karneval, sondern (mit etwas Glück!) ein lecker Pils oder ein dickes Scheibsken Wurst. Zu guter Letzt geht's ab in die Rösenbecker Schützenhalle, wo Musik und Post dann richtig abgehen. Als Garderobe empfehle ich männlichen Besuchern Tanzschuhe zum kleinen Bieranzug, und den Damen eine große Handtasche (für Getränkemarken) und einen tiefen Ausschnitt (für mich!).

Pistenzauber | Nostalgie-Skirennen

Wo? In Neuastenberg
Wann? Im Februar

Im schönen Neu–astenberg wurde der Sauerländer Wintersport geboren, und damit meine ich nicht das beid-händige Schneeschippen. Oberförster Hagemann lief 1889 als erster mit Skiern aus Holz durch sein Revier in Winterberg. Das imponierte den Einheimischen, und nach und nach schnallten sich immer mehr Menschen im schneereichen Sauerländer Winter lange Bretter unter die Stiefel. Als die Gegend um den Kahlen Asten 1906 an das Eisenbahnnetz angeschlossen wurde und die ersten schneeverrückten Rheinländer anreisten, setzten die geschäftstüchtigen Neuastenberger sofort auf den weißen Tourismus und begannen mit dem Pisten-, Lift- und Kneipenbau. Heute nennt sich das Gebiet Wintersport-Arena Sauerland und gehört mit über 100 Skiliften, Beschneiungsanlagen und mehr als 500 Loipenkilometern zu den größten deutschen Wintersportgebieten. Danke, Oberförster Hagemann!

Um an die glorreiche Frühzeit des heimischen Wintersports zu erinnern, wird jedes Jahr ein lustiges Nostalgie-Skirennen in Neuastenberg veranstaltet. Funktionskleidung, Helme, Kunststoffski und ähnlicher Schnickschnack sind verboten! Stattdessen geht es, wie in alten Zeiten, in wehenden Winterröcken, Keilhosen und Schnürschuhen auf die Piste. Und wer braucht schon einen Helm oder eine Sicherheitsbindung, wenn man doch mit dicker Pelzmütze und straffer Riemenbindung viel stilvoller auf die Schnauze fliegen kann.

Die Neuastenberger bieten den Nostalgie-Skifahrern ein buntes Alpinprogramm, von Abfahrt und Hindernisparcours über das Skispringen bis zur Sauerländer Nordischen Kombination (Zuschauen und Glühweintrinken). Meine Lieblingsdisziplin ist das Schaustehen, bei dem man sogar einen Preis für das originellste Kostüm gewinnen kann. Wer also noch eine olle Skibuxe in der Mottenkiste und zwei glatte Bretter von der Wohnzimmervertäfelung übrig hat, sollte sich frühzeitig für das nächste Nostalgie-Skirennen in Neuastenberg anmelden. Hals- und Beinbruch![5]

[5]Mein Web-Tipp: www.skimuseum-winterberg.de

Echte Knallköppe | Peitschenfest

Wo? In Burbecke bei Lennestadt
Wann? Beim jährlichen Peitschenfest

Peitschen spielen im Sauerland eine wichtige Rolle. Während das beliebte Dressurinstrument im Siegerland nur noch in Dominastudios eingesetzt wird, knallt bei uns die Peitsche noch überall dort, wo Rückpferde schwere Stämme aus dem Wald ziehen, oder wenn in Neuenrade der Gertrudenmarkt feierlich eröffnet wird. Darüber hinaus gibt es noch das peitschenlose Knallen in Kneipen, auf Silvester und hinterm Schützenzelt. Macht auch Spaß, gehört aber nicht in dieses Kapitel, woll.

In Burbecke gibt es jedenfalls einen alljährlichen Wettstreit, um festzustellen, wer den größten Knall hat: das sogenannte Peitschenfest. Die offizielle Wettkampfpeitsche wird vor jedem Fest vom TÜFF des Unterdorfs in Burbecke auf ihre Knallfestigkeit geprüft, schließlich macht das Oberdorf noch nicht so lange mit. Die Peitsche besteht aus einem biegsamen Stamm, einer Schnur und dem daran befestigten Schlag, in Fachkreisen auch als Schlach bezeichnet.

Unter Aufsicht einer schlachkundigen Jury treten die Teilnehmer in die Mitte des Wettkampfhofes und lassen die Peitsche mehrfach laut knallen. Wer's am besten knallen lässt, gewinnt einen Pokal oder eine der zahlreichen Medaillen. Ermittelt werden unter anderem der Peitschenkaiser, die Peitschenkönigin und wer nach zehn Pils die schönste Schlachseite hat. Begonnen hat der Wettkampf übrigens im letzten Jahrhundert als reine Indoor-Veranstaltung in lokalen Wohnzimmern. Als dort die ersten Umtöpfe und

Sammeltassen zu Bruch gingen, entschied man sich für ein Open-Air-Event.

Wer einmal beim Peitschenfest gewonnen hat, wird in Burbecke zum Superstar und erhält sogar einen Künstlernamen. Die Autogrammkarten von Knallefranz und Peitschenwilli sind heute in Schlachkreisen heiß begehrt und selbst bei Ebay nur schwer zu ergattern. Weil das Peitschenfest wirklich originell, gänzlich unernst und gemeinschaftsfördernd ist, war übrigens auch schon das Fernsehen vor Ort. Bei Youtube einfach „Burbecke" eintippen und schon knallt's.

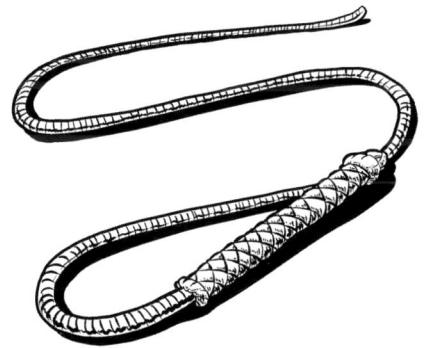

Himmlische Vergnügen

Als kleiner Sauerländer saß ich oft bei Omma am Mittagstisch und stocherte in ihrer berühmten Graupensuppe. Omma konnte so ziemlich alles, sogar auf den Fingern pfeifen. Aber kochen, kochen konnte sie für keine zwei Pfennige. Während ich in den verbrannten Schleim starrte, tätschelte sie mir aufmunternd den Kopf und sagte: „Wenn du artig bist und den Teller leer isst, kommst du in den Himmel!" Dann blickte ich aus dem Fenster in das tieftrübe Grau des typischen Sauerländer Regenhimmels und dachte: „Ach du Scheiße, auch das noch!"

Grau ist im Sauerland absolute Trendfarbe. Wenn der Wolkenvorhang über unseren tausend Bergen dann aber endlich aufreißt und der klare Himmel mal wieder zu sehen ist, schmücken wir Sauerländer ihn aus Dankbarkeit sofort mit bunten Ideen. Tagsüber fliegen riesige Drachen und tollkühne Männer in roten Doppeldeckern, nachts leuchten Montgolfieren und knistern Höhenfeuerwerke.

Dann ist der Himmel über dem Sauerland so wunderschön, dass ich sogar Ommas Graupensuppe dafür auslöffeln würde.

Alle Drachen fliegen hoch! | Drachenfest

Wo? In Küntrop
Wann? Im September

Dass im Sauerland gern mal ein ordentliches Windchen geht, ist spätestens seit dem Orkan Kyrill deutschlandweit bekannt. Besonders in den kühlen Monaten pfeift's bei uns auf den Höhen ganz gehörig, und daher zählt das Steigenlassen eines Papierdrachens seit anno Tobak zu den beliebtesten Herbstbräuchen der Sauerländer Jugend. Mein erster Drache entstand Mitte der 60er-Jahre im Hobbykeller von Onkel Rainer. Es war wahrscheinlich der größte Holz- und Papierdrachen, der jemals in Südwestfalen gebaut wurde, mit einem fast zehn Meter langen, papierverzierten Schwanz zur Flugstabilisierung. Ich war stolz wie Oskar, wer immer Oskar auch gewesen sein mag.

Als wir zum Jungfernflug aufbrechen wollten, passte das bunte Monster leider nicht mehr durch die schmale Tür von Rainers Hobbykeller. Erst verkantete sich das Biest, dann riss das Papier und zum Schluss brach der Holzrahmen mit einem lauten Knacks. Draußen Herbst, drinnen dicke Tränen.

Was für ein freudiges Ereignis ist dagegen das kunterbunte Drachenfest, das traditionell an einem September-wochenende auf dem Gelände des Luftsportvereins in Neuenrade-Küntrop stattfindet. Tausende Besucher lassen sich von Enthusiasten und erfahrenen Drachenprofis die tollsten Luftfiguren vom Looping bis zum gewagten Sturzflug zeigen. Sieht schon extrem geil aus, wenn bei gutem Drachenwetter gleich ein paar Dutzend von den

Biestern am Sauerländer Himmel im strammen Wind flattern. Manche der Ungetüme sind so riesig, dass sie an Traktoren befestigt werden müssen, weil kein Mensch sie alleine bändigen könnte. Das wäre also das nächste Problem bei Rainers Drachen geworden…

Klarer Fall, dass beim größten und ältesten Drachenfest der Region auch der Sauerländer Drachennachwuchs mit den eigenen Drachen mitmachen darf. Erwachsene Zuschauer übrigens auch! Samstagabends gibt's dann sogar noch Livemusik und ein Höhenfeuerwerk. Also wehe, wenn da jemand noch behauptet, bei uns wäre der Himmel immer nur grau!

Himmelsstürmer | Flugplatzfest

Wo? In Küntrop
Wann? Im Mai

Früher gab es überall in Deutschland Flugtage, so auch in Neuenrade-Küntrop. Da hoben Senkrechtstarter unter ohrenbetäubendem Lärm ab, die Red Arrows brausten direkt über unsere Köpfe und Starfighter donnerten quer über den Märkischen Wälder. Wir lagen auf dem Rücken in der Kuhscheiße, blickten hoch in die sich kreuzenden Kondensstreifen und träumten von einer Karriere als Pilot. Nach der Flugtagkatastrophe in Rammstein, bei der 1988 siebzig Menschen durch ein abstürzendes Flugzeug ums Leben kamen, war es dann aber überall vorbei mit der gefährlichen militärischen Luftakrobatik. Natürlich auch in Küntrop.

Statt die schöne Flugtagtradition einfach einzumotten, machten die Küntroper etwas Moderneres daraus, und zwar ein tolles, familiengerechtes Flugplatzfest. Statt Düsenjägern sau-

sen jetzt Segelflugzeuge, Sportmaschinen und Flugzeugmodelle über die Zuschauer hinweg. Deutsche Meister, Weltmeister und Nationalmannschaftsmitglieder der unterschiedlichsten Disziplinen zeigen, was sie am Himmel alles draufhaben. Da gibt es spektakuläre Kunstflugshows, atemberaubende Stunts, beeindruckende Loopings und gewagte Pirouetten, für die man die im Laufe des Festes einsetzende Nackenstarre gern in Kauf nimmt. Zumal das Ganze auch noch für lau ist, also gratis, wie Buiterlinge sagen.

Weitere Sahnehäubchen sind das traditionelle Propellergetöse einer ollen Doppeldeckermaschine sowie die Vorführungen der heimischen Fallschirmspringer. Und wenn Papa nach zwei Pils mal wieder nach oben zeigt und behauptet, so einen Looping könne er auf der linken Arschbacke drehen, kann man ihm mit dem beliebten Co-Piloten-Ticket für einen Segel- oder Motorflug bestimmt eine Riesenfreude machen. Spätestens, wenn Papa nach drei verwegenen Loopings kreidebleich aus der Maschine krabbelt, hat sich der Ausflug zum Flugplatzfest mal wieder richtig für alle gelohnt.

Glühende Ballons | Warsteiner Montgolfiade

Wo? In Warstein
Wann? Im September

Aus Warstein kommen gleich zwei tolle Erfindungen: Die Königin unter den Bieren und die Warsteiner Internationale Montgolfiade. Brauereichef Albert Cramer, der leider 2012 verstarb, war ein begeisterter Ballonpilot. Seinem Enthusiasmus ist es zu verdanken, dass die seit 1986 ausgetragene Veranstaltung jährlich bis zu 250.000 Zuschauer anzieht und damit zu einem der größten Sauerländer Volksfeste wurde. Da die Montgolfiade gleichzeitig der größte europäische Heißluftballonwettbewerb ist, nehmen dort Teams aus aller Herren Länder teil.

Die Montgolfiade dauert eine ganze Woche, es ist also immer etwas los. Zumindest bei schönem Wetter! Es gibt total bekloppte Ballons in Form von Lokomotiven, riesigen Fallschirmspringern oder des Brandenburger Tors, zeppelinähnliche Luftschiffe, Paraballooning, bei dem Fallschirmspringer aus den Körben der Ballons hüppen, und jede Menge weiterer Attraktionen. Wer einmal so viele leuchtend bunte Heißluftballons am Sauerländer Himmel schweben sah und dazu ihr feuriges Fauchen hörte, wird diese einmalige Erfahrung nie vergessen.

Natürlich kann man auch selber in den Himmel aufsteigen, im Ballon oder Heißluftschiff mitfahren und sich einen Teil unserer tausend Berge gemütlich von oben reinziehen. Sollte eigentlich jeder mal tun, bevor er sich unsere Radieschen von unten bekuckt, woll. Traditioneller Höhepunkt ist das nächtliche Ballonglühen, der sogenannte Nightglow. Aus der Dunkelheit ertönt dann festliche Musik und alle teilnehmenden Ballons leuchten abwechselnd dazu im Takt auf. Mit einem Mal wird es mucksmäuschenstill unter den Zuschauern. Man hört nur noch das heiße Blasen der Gasbrenner und das leise Klirren fallender Biergläser, wenn Onkel Heini auf dem Rückweg vom Tresen samt Tablett im Dustern mal wieder über einen Dackel stolpert.[6]

[6]Tolle Fotos und alle Informationen zur nächsten Montgolfiade gibt es unter www.warsteiner-montgolfiade.com

Brennendes Wasser | Sorpe in Flammen

Wo? In Sundern-Langscheid
Wann? Im August

Das Sauerland ist voller schöner Legenden. Da gibt es die Legende vom Iserlohner Indianerhäuptling, die vom Felsenmeer im Hemer oder die von der tanzenden Ziege auf dem Kopf meines Großonkels Gottfried. Viel, viel schöner und beeindruckender als all diese Geschichten ist allerdings das legendäre Seefest Sorpe in Flammen, das immer an einem Augustwochenende auf der Promenade und der Staumauer des Sorpesees stattfindet.

Dort treffen sich bis zu 30.000 Besucher, um miteinander zu feiern und anschließend eines der geilsten Feuerwerke der Welt zu erleben. Für mich war der Festsamstag schon immer einer der Höhepunkte des Feier- und Partykalenders. Picknick einpacken, rechtzeitig anreisen, gutes Plätzchen suchen und sich auf das Feuerwerk freuen: Wie Silvester, nur viel wärmer. Und statt teurer Böller gibt's ein paar Extraflaschen Sekt. Wer sich lieber Zapfbier und Livemusik gönnen will, wird auf der sogenannten Schlemmermeile in Langscheid bestens versorgt.

So gegen halb elf geht die Post dann richtig ab! Aus dem See heraus steigen die bunten Raketen des großen Brilliantfeuerwerks in den Sauerländer Nachthimmel und verwandeln alles um dich herum in ein magisches Lichtermeer. Die Reflektion des Feuerwerks auf der spiegelglatten Sorpe verdoppelt den absoluten Augenschmaus, und mittendrin kreuzen als optisches Sahnehäubchen sogar noch bunt beleuchtete Segelboote. Das ist so unglaublich romantisch, dass bei Sorpe in Flammen selbst unsere dicke Tante Ilse wieder Lust aufs Knutschen kriegt. Und da es dunkel ist, kommt sie trotz fulminanten Damenbarts meist auf ihre Kosten. Ob mit oder ohne Gerdas Zungenkuss: Sorpe in Flammen ist ein glanzvolles Highlight unter den Sauerländer Traditionsveranstaltungen. Nix wie hin!

Coole Kirmessen

Irgendeine Kirmes läuft eigentlich immer bei uns. Klar, denn „Kirmes" kommt von „Kärmesse", dem jährlich stattfindenden Kirchweihfest, und Kirchen gibt es im Sauerland in jedem noch so kleinen Kaff. Blinkende Fahrgeschäfte, Marktstände, Zuckerwatte und Bierstände: Äußerlich ähneln sich diese traditionellen Volksfeste natürlich, auch wenn die eine Kirmes vielleicht größer ist als die andere. Wenn man aber genauer hinschaut, entdeckt man doch so einige Unterschiede.

Die nachfolgenden Beispiele gehören zu den typischen Sauerländer Märkten und Kirmessen. Es gibt natürlich noch viele, viele andere, die ebenfalls astrein und besuchenswert sind. Sie alle verfügen garantiert immer über ein Karussell für die Kinder, eine Getränkebude für die Eltern und bieten zudem attraktive Jobangebote für junge Männer zum Mitreisen.

Eigentlich schade, dass es für mich mit einer Karriere als ortsungebundener Schiffsschaukelbremser zu spät ist. Schließlich kann man es so ganz bis nach oben schaffen, so wie unser Helmutchen, das auf dem Rummel anfing und heute im Düsseldorfer Rheinturm den Lift bedient.

Kirmes of Love | Wendsche Kermätze

Wo? In Wenden
Wann? Im August

Bei der Wendschen Kärmetze sieht man gleich am Namen, dass sie unmittelbar mit dem Kirchweihfest zusammenhängt, das vor über 250 Jahren zum ersten Mal in Wenden stattfand. Anlass war damals die Einweihung des Neubaus Pfarrkirche Sankt Severinus.

Rund um die Kirchweih entstanden der übliche Krammarkt und ein Viehmarkt, auf dem seit Mitte des 19. Jahrhunderts die schönsten Viecher der Gegend prämiert wurden. Bei dieser tierischen Leistungsschau war natürlich richtig was los, denn nur dort konnten die Sauerländer Bauern einmal im Jahr zeigen, was sie alles drauf hatten. Während Männer sich heute Fotos von ihrem Haus, ihrem Auto und ihrer gelifteten Geliebten zeigen, zählten damals nämlich noch der stärkste Bulle, die ertragreichste Kuh und das rosigste Ferkel.

Irgendwann tauchte das erste Karussell auf der Wendschen Kärmetze auf, das erste Glücksrad, die erste Schießbude. Kurzum, es wurde richtig was geboten und immer mehr Schaulustige kamen zum Festplatz nach Wenden. Man amüsiert sich, man quasselt, man trinkt sich einen. Oder zwei. Kein Wunder, dass so eine Kirmes sich hervorragend eignet, um Menschen kennenzulernen und natürlich zu baggern, bis der Arzt kommt. Oder der richtige Partner. Die Kärmetze, wie auch alle anderen Kirmessen des Sauerlands, gilt daher schon seit Langem als idealer Heiratsmarkt. Nicht umsonst hängen schließlich die endlosen Reihen von Lebkuchenherzen mit Liebesschwüren an den süßen Buden.

Es existieren jede Menge Stories und Anekdoten, wie sich Pärchen in Wenden gefunden haben. Und damit meine ich nicht Onkel Theo und die kleine Blonde mit dem süßen Überbiss, denn das hatte Tante Käthe mit einem rechten Haken schnell beendet, sondern dauerhafte Beziehungen. Die Stadt Wenden hat die schönsten Kärmetz-Romanzen sogar gesammelt und auf ihrer Website www.wenden.de veröffentlicht. Statt also dösig daheim vor dem Klappkompjuter zu hocken und im Internet nach dem perfekten Partner zu suchen, sollte man es vielleicht mal auf der Wendschen Kärmetze versuchen. Wenn man dort nicht den oder die Richtige findet, war man wenigstens mal wieder ein bisschen an der frischen Luft, woll.

Kirmes mit Äppels | Appeltatenkirmes

Wo? In Oestrich
Wann? Im August

Sauerländer lieben ihre Traditionen und halten es ohne ihre eigene Kirmes nicht lange aus. Deswegen wird in Oestrich seit 1989 endlich wieder die Appeltatenkirmes gefeiert, nachdem sie trotz ihrer jahrhundertelangen Geschichte lange in der Versenkung verschwunden war. Im Mittelpunkt steht hier neben Bier im Glas interessanterweise mal gekochter Apfel in Teigtasche, die süße, saftige, superleckere Oestricher Appeltate. Sie erinnert daran, dass es bei diesem Oestricher Fest früher ausschließlich ums Fressen ging. Bis 1812 wurde es nämlich noch Oestricher Sattessen genannt, bei dem sich dank einer ungünstig verlaufenen Stadtfehde die protestantischen Iserlohner Pfarrer, Küster und Totengräber für drei Tage von den Oestrichern bewirten lassen durften, ohne dafür zu zahlen.

Heute müssen allerdings auch Iserlohner an den mittlerweile vier Kirmestagen selber latzen. Da kein normaler Sauerländer vier Tage nur von Apfeltaschen leben kann, gibt's auf der Festmeile natürlich das volle Schlemmerprogramm und „was für zum Trinken", wie mein Kumpel Jürgen heute noch sein Pils bestellt. Außerdem bietet die Appeltatenkirmes, wie die meisten heimischen Volksfeste, jede Menge Fahrgeschäfte sowie einen Bauern- und Trödelmarkt.

In vorbildlicher Weise lassen sich die Oestricher außerdem immer wieder etwas Neues einfallen, um ihre Veranstaltung zu einem zeitgemäßen Gemeinschaftserlebnis zu machen. Mir gefällt besonders der Oestricher Vierkampf, bei dem die örtlichen Vereine im Kampf um einen Wanderpokal gegeneinander antreten. Der Oestricher Vierkampf hat nichts mit dem Sauerländer Kirmesvierkampf (Zapfen, Grillen, Karussellfahren, Kotzen) zu tun, sondern ist nur etwas für Filigrantechniker und Schlaumeier. Kaum zu glauben, dass sich in einer typischen Sauerländer Gemeinde trotzdem genügend geeignete Teilnehmer finden. Mal müssen die Athleten hart gekochte Eier rollen, mal Bälle mit einem Fliegenfänger fangen oder schwierige Quizfragen beantworten. Um keine Langeweile aufkommen zu lassen, wechseln die Disziplinen jährlich.

Für junge Frauen, die bei der Wahl zu Deutschlands nächstem Top Model oder zur Miss Universum mal wieder knapp gescheitert sind, gibt es auf der Appeltatenkirmes einen attraktiven Wettbewerb um die Krone der Oestricher Appeltatenkönigin. Teilnehmerinnen sollten möglichst über grundlegende Apfelkenntnisse verfügen und müssen laut Jury mindestens so gut aussehen wie eine frische Appeltate.

Damit zum Schluss der Kirmes auch alle noch einmal richtig „Aaah!" und „Ooooh!" und „Kuck'ma, Omma!" bölken können, steigt natürlich ein fettes Höhenfeuerwerk. Ob dabei auch Appeltaten gezündet werden, entzieht sich allerdings meiner Kenntnis.

Kirmes mit Bitter | Gertrüdchen

Wo? In Neuenrade
Wann? Im März

Neuenrade ist das New York des Sauerlandes. Zumindest, was die Straßennamen betrifft, denn wo sonst gibt es noch eine Erste, Zweite und Dritte Straße? Wahrscheinlich hatten die Neuenrader, als sie 1355 die Stadtrechte erhielten, schon die prachtvolle Skyline vor Augen. So ganz hingehauen hat es dann doch nicht, denn als mein Werdohler Vater sich in eine waschechte Neuenraderin verliebte, erklärten ihm seine Kumpels, in Neuenrade gäbe es nur gute Ziegen. Er hat meine Mutter dann trotzdem geheiratet. Danke, Papa!

In der Hönnestadt bekommt man aber nicht nur töffte Ziegen, sondern auch Pferde. Und zwar auf dem Gertrudismarkt, der so alt ist, wie die Stadt selbst. Das sogenannte „Gertrüdchen" war früher der wichtigste Frühjahrspferdemarkt der Region. So wichtig, dass der Anreisetag der Pferdehändler sogar als Heiligabend bezeichnet wurde. Auf der Ersten Straße war während des Gertrüdchens immer schwer was los, das Volk drängelte sich zwischen Marktbuden und Karussells, während die Pferdehändler sich für ihre Deals in der Zweiten und Dritten Straße trafen. Die Eisenringe, an denen sie ihre Zossen damals festbanden, kann man heute noch an einigen Häusern finden.

Pferde werden auch jetzt noch auf dem Gertrüdchen gehandelt, allerdings längst nicht mehr so viele und meist nur zur Unterhaltung des Publikums. Im Mittelpunkt stehen Halligalli, Geselligkeit und das Treffen alter Bekannter, denn zu diesem Ereignis reisen viele gebürtige Neuenrader einmal im Jahr extra von weit her an. Als echtes Traditionsfest hat das Gertrüdchen natürlich auch zünftige Spezialitäten zu bieten: den Gertrudenteller und den Gertrudenschnaps.

Freunde von Nouvelle Cuisine oder experimenteller Küche sollten sich allerdings besser anschnallen, wenn ihnen der deftige Gertrudenteller serviert wird: Eine satte Portion Sauerkraut mit weißen Bohnen, Mettwurst und Speck ist eben nichts für empfindliche Gemüter, sondern eher was für uns Eingeborene und andere Menschen mit richtig Kohldampf.

Da sich bei dieser Mischung schnell unerwünschte Gase entwickeln, sollte man stets einen Gertrudenschnaps griffbereit haben: den legendären Buba-Bitter. Schon seit Napoleons Zeiten gibt es diesen segensreichen Tropfen in der örtlichen Gertruden-Apotheke, wo Apotheker Sven Simons den traditionellen Magenaufräumer auch heute noch rezeptfrei anbietet. Einen hönneechten Buba, benannt nach Apothekerfamilie Buntenbach, sollte man sich auf keinen Fall entgehen lassen, vor allem als Wärmequelle, denn im Neuenrader März ist es oft noch bitter-bitter kalt. Ich würde diesen Sauerländer Zaubertrank irgendwo zwischen Underberg und Extasy einordnen. Also bitte nie mehr als einen Meter trinken, wenn die Buba-Pinnchen brettweise verabreicht werden. Ansonsten helfen andertags nur hundert Aspirin und ein Stoßgebet an Sankt Gertrudis.

Kirmes mit Bullen | Reister Markt

Wo? In Reiste
Wann? Im August

Wenn so richtig was los ist, lassen sich gut Geschäfte machen. Das gilt in Reiste bei Eslohe schon seit dem 14. Jahrhundert, als dort öffentliche Gerichtsverhandlungen abgehalten wurden, bei denen man regionale Streitigkeiten verhandelte. Dieses Landding zu Reiste fand in der Zeit rund um den Bartholomäustag statt und es gab eine strikte Anwesenheitspflicht für die gesamte Landbevölkerung. Wer nicht antanzte, kriegte schweren Ärger. Na ja, und wenn so ein Bauer sich schon mal auf den langen Weg zum Ding machen musste, nahm er natürlich gleich etwas Vieh mit, um es bei dieser Gelegenheit am Gerichtsort zu verkaufen. Aus Landding, Viehmarkt und geschäftstüchtigen Kaufleuten entstand der Bartholomäusmarkt, später „Reister Markt" genannt, der jede Menge Volk der ganzen Gegend anzog.

Klar, denn schließlich gab es damals weder Dorfläden noch ALDI oder OBI, und wenn man neue Klamotten, einen Satz Holzlöffel oder eine neue Piepe brauchte, musste man schon warten, bis mal wieder Markt in Reiste war. Heute werden auf dem Reister Markt nicht nur Krimskrams und Viehzeug verkauft, sondern es gibt dazu noch eine töffte Kirmes mit

Karussells, Bratwurst und Paradiesäpfeln. Ich empfehle, dass kleine Kinder zunächst die Fahrgeschäfte ausprobieren und sich danach erst mit Pommes, Zuckerwatte und gebrannten Mandel vollstopfen dürfen. Ansonsten kann es zu unangenehmen Überraschungen für die Zuschauer rund um das Kettenkarussell kommen.

Besonders stolz sind die Reister auf ihre Tierschau, bei der die Bauern der Gegend ihre schönsten Viecher zeigen. Schon am Marktsamstag kann das Publikum die wunderschön herausgeputzten Pferde, Rindviecher und Kleintiere bewundern. Während die Jury Preise für die Klassenbesten verteilt, kann man gleichzeitig noch jede Menge über Warmblüter, Kaltblüter, Schwarzbunte oder Fleischrinder lernen. Besonders groß ist der Andrang aber, wenn die Jungzüchter ab vier Jahren ihre Kälbchen am Preisgericht vorbeiführen. Dann gibt es im Publikum kein Halten mehr, denn so etwas Niedliches sieht man selbst im Sauerland nicht oft.

„Halt!", rufen da die Veranstalter der Tierschau auf der Hüstener Kirmes, „bei uns kann man die Kälbchen sogar streicheln und dabei zuschauen, wie die Jungzüchter sie vor der Präsentation striegeln, föhnen und frisieren." Stimmt, liebe Hüstener, aber ihr seid ja erst im nächsten Kapitel dran, woll.

Kirmes mit Charakter | Hüstener Kirmes

Wo? In Hüsten
Wann? Im September

Im Sauerland wird praktisch schon seit dem Erkalten der Erdkruste irgendwo Party gemacht. Wie zum Beispiel auf einer der ältesten Sauerländer Brauchtumsveranstaltungen, der Hüstener Kirmes, bei der im ganzen Ort seit fast 1.100 Jahren regelmäßig der Ausnahmezustand herrscht.
Hervorgegangen ist Kirmes wohl aus dem örtlichen Kirchweihfest, das fast so eine lange Geschichte hat wie die Stadt Hüsten selbst.

Die Hüstener Kirmes gehört mit satten 300.000 Besuchern und einem Kirmesplatz mit der Grundfläche von zehn Fußballfeldern zu den größten und bekanntesten Volksfesten des Sauerlandes. Neben den üblichen Standards wie Fressbuden, Fahrgeschäften sowie Musik und Tanz im Festzelt gibt es sonntags einen Jazzfrühschoppen, montags einen riesigen Krammarkt und zum Abschluss ein tolles Brillianthöhenfeuerwerk. Als Teenager war mein Hüstener Kirmesgeld aber immer schon am Samstag weg, weil ich irgendwie immer Begleiterinnen fand, die unbedingt den rosa Riesenteddy gewinnen und eine Plastikrose von der Schießbude wollten. Ganz schön teuer, wenn man ständig Nieten zieht und dazu noch einen Knick in der Optik hat.
Zünftig sauerländisch wird diese Kirmes aber erst durch die traditionelle Tierschau, bei der die Landwirte des Hochsauerlandes stolz ihre Zuchterfolge präsentieren. Die

bewegte Geschichte der Tierschau begann 1876 mit der Gründung eines eigenen landwirtschaftlichen Lokalvereins in Hüsten. Dazu kam es, weil die Neheimer den Hüstenern die Kreistierschau abgaunern wollten, sie als dumme Bauern verhöhnt hatten und den Hüstenern deswegen ganz gehörig auf den Sack gingen. Da machen wir doch lieber unsere eigene Tierschau, woll!, dachten sich die Hüstener. Am besten während der Kirmes, denn da ist ja eh schon jede Menge los. Irgendwann war dann aber so viel los, dass auf den Hüstener Straßen kein Durchkommen mehr war. Da man sich nicht auf einen verkehrstechnisch günstigeren Tag einigen konnte und die Bauern keinen Bock auf das Gedrängel hatten, musste die Tierschau bald wegen Teilnehmermangel gestrichen werden. Zack!

Die dazugehörige Kirmes lief allerdings weiter, zog um und bietet seitdem wieder genug Platz, eine stolze Sauerländer Großtierschau zu präsentieren. Betonung auf „groß" – die Siegerländer zeigen auf Tierschauen höchstens mal ein paar össelige Karnickel und zwei hustende Hühner.

Ohne eine tiefe Liebe zur Sauerländer Heimat wäre es bestimmt nicht möglich, eine Veranstaltung wie diese tolle Kirmes seit über 1.000 Jahren über Generationen hinweg am Leben zu halten, in guten wie in schlechten Zeiten. Deswegen sollte jeder Kirmesgast mindestens einmal mehr Karussell fahren und zwei Pils mehr trinken, um seinen Teil zur Erhaltung dieses uralten Volksfestes beizutragen.

Schützenfest:
Leider geil!

Ran an den Vogel!

Schützenfest ist für Sauerländer die fünfte Jahreszeit. Vom Frühsommer bis in den Herbst wird garantiert irgendwo ein Vogel abgeschossen und der stolze Schützenkönig danach tagelang und ausgiebig gefeiert. Diese Tradition gibt es nun schon seit dem 15. Jahrhundert und trotz ihrer langen Geschichte gelten Schützenfeste auch heute noch als schwer angesagt.

Unsere Schützenvereine und Schützenbruderschaften wurden im Mittelalter als Bürgerwehren gegründet, die Städte und Gemeinden vor Räuberbanden und Plünderungen schützen sollten. Das jährliche Wettschießen diente dabei als Übung für den Ernstfall. Im Laufe der Jahrhunderte wurde die Aufgabe der Landesverteidigung dann komplett vom Militär und regulären Truppen übernommen. Seitdem können sich die Schützenvereine voll und ganz um die Wahrung ihrer Tradition und die Pflege heimatlichen Brauchtums kümmern. Viele Schützenbruderschaften sind stolz auf ihren persönlichen Schutzpatron und präsentieren ihn auf der Vereinsfahne. Die unterschiedlichen Heiligenmotive lassen deutlich erkennen, wie stark besonders früher die Bindung der Schützen an die Kirche war.

Fast jeder Ort Im Sauerland hat seine eigene Schützentradition, eine eigene Schützenhalle und meistens irgendein bekloppetes Schützenritual. Im Mittelpunkt der tollen Schützentage stehen immer die Gemeinschaft, gesellige Kontaktpflege und viel Spaß. Auf Neudeutsch: Community, Social Networking und Fun. Dazu noch eine Prise Sex and Pils and Rock'n'Roll, und schon wird klar, warum Schützenfeste trotz ihrer langen Geschichte auch heute noch überall im Sauerland heiß begehrt sind.

In der Höhle ist der Teufel los | Höhlenschützenfest

Wo? In Balve
Wann? Am dritten Juliwochenende

Es gibt so unendlich viele Schützenfeste im Land der tausend Berge, dass ich mir als Beispiel eines ausgesucht habe, das direkt in einem der Berge stattfindet: das Balver Höhlenschützenfest. Angeblich gibt es diese Veranstaltung erst seit 1845, aber es würde mich nicht wundern, wenn man in Balve irgendwann Höhlenzeichnungen aus dem Paläolithikum fände, auf denen steinzeitliche Jäger, ein Holzadler und eine Metbude zu sehen sind.

Wie dem auch sei: Das Balver Schützenfest wird in Europas größter Kulturhöhle gefeiert und ist, neben dem Reitturnier, einer der Höhepunkt des Jahres in Balve. Veranstalter ist die Sankt-Sebastian-Schützenbruderschaft, die aus aktiven und passiven Mitgliedern besteht. Erstere kümmern sich um die Organisation, Letztere darum, dass das Bier nicht schlecht wird. Gleich am Eröffnungstag gibt es Gänsehaut pur, und zwar nicht nur wegen der kalten Höhle, sondern auch wegen des feierlichen Marsches, der beim Einzug der Schützen in die Höhle gespielt wird. Anschließend geht es ab in den linken und rechten Höhlenarm, wo man die Zapfhähne schon fröhlich krähen hört. Still werden sie nur, wenn mitten im Gedrängel der Große Zapfenstreich erklingt und alle ausnahmsweise mal andächtig verharren. Bis auf Opa Hoppenstedt, der bei traditionellem Tschingderassa natürlich mitdirigieren muss!

Jetzt ist es an der Zeit, sich um die Biermarken für den restlichen Abend zu kümmern. Da man beim Schützenfest auf alte Bekannte und die ein oder andere unbekannte Alte trifft, sollte man immer ausreichend Sauerländer Flüssiggold für Kehle und Tanzbein ordern. Ich empfehle als Erstbestellung ein Tablett mit mindestens einem Dutzend Pils, alles andere sieht knickrig aus. Im gut gelaunten Freundeskreis geht so eine Ladung schnell weg, deswegen sicherheitshalber immer ein Übergangsbier bis zur nächsten Runde in die Brusttasche stecken. Merke: Vor dem Besuch der Kirmes und dem Betreten fliehkraftintensiver Fahrgeschäfte das Übergangsbier aus der Brusttasche entfernen.

Irgendwann geht dann die Tanzmusik los und die ganze Höhle singt natürlich volle Kanne mit. Freunde von Hip Hop, Nullbockgeplärre oder Zweiton-Plastikmusik werden hier mit den wahren Schätzen deutschen Liedguts bekannt gemacht, von der Schützenliesel über das Herzilein bis zum Anton aus Tirol. Am lautesten schmettern die Balveraner jedoch mit, wenn die Kapelle musikalisch an den bevorstehenden Bildungsurlaub in Katalanien erinnert und sich alle auf einen Bordellbesuch in Barcelona freuen, inklusive Damenüberschuss auf dem dortigen Männerpissoir. Olé, olé, olé! Dabei müsste man für dieses Erlebnis nicht mal bis nach Spanien reisen, sondern nur kurz rüber zu den Toiletten gehen, wo sich aufgrund der kilometerlangen Warteschlange vor der Damentür immer mehrere kichernde Ladies gleichzeitig in die Herrenabteilung drängeln.

Wer sonntags rechtzeitig aufwacht und schon geradeaus kukken kann, schaut sich am besten den großen Festzug der Schützen durch Balve an, mit Pferden, Kutschen, Musik und allen Schikanen. Ziel des Festzuges ist natürlich wieder die Höhle – was sonst? Sonntag ist Familientag auf dem Schützenfest, mit Kindertanz, artgerechter Unterhaltung und obligatorischem Rummel- oder Kirmesbesuch. Den finde ich allerdings sehr anstrengend, weil man immer wieder den kühlen Höhlentresen verlassen muss, um die missratene Brut draußen auf dem Festplatz für ein Affengeld in teure Fahrgeschäfte zu stecken und mit Zuckerwatte vollzustopfen. Und während die Balveraner Singles drinnen in der Höhle schon wieder tüchtig am Balzen sind, kotzt dir draußen an der Pommesbude deine karussellsüchtige Tochter rotweiß auf die guten Schuhe. Hurra, Familientag!

Montags marschieren die Schützenbrüder als Erstes zum Gottesdienst, denn wie alle Sauerländer Schützenvereine ist auch die Balver Bruderschaft traditionell eng mit der Kirche verbunden. Nach der Messe wird dann der neue Schützenkönig ausgeschossen. Das kann manchmal ewig dauern, deswegen empfehle ich, sich die Wartezeit bis zum Königsschuss mit einem Hopfenfrühstück in der Höhle zu verkürzen. Dort trifft man dann auch schon fast alle Balveraner, denn

Geschäfte, Banken und Behörden des Ortes machen am Schützenfestmontag schon mittags dicht. Noch einmal kann man die besondere Atmosphäre des Höhlenevents deutlich spüren, wenn in beiden Höhlenarmen dicht an dicht gequasselt, gelacht, gesungen und geschunkelt wird. Egal, wie alt man ist, wo man herkommt und in welche Kirche man geht. Hauptsache, es ist eine katholische, sagte meine Omma früher immer, aber von Konfessionsdünkel ist in Balve heutzutage nichts mehr zu spüren. Skeptische Blicke erntet man dort höchstens, wenn man eine Fanta bestellt.

Wenn der neue Schützenkönig und seine Königin unter großem Jubel in die Höhle einziehen, empfiehlt sich die Pole-Position am Tresen, denn jetzt geht die Party eigentlich erst richtig los. Also nichts wie rein ins Getümmel und ran an den Speck, denn so ein fantastisches Höhlenspektakel gipptes nur in Balve, woll.

Horrido, Frau Vizekönig! | Geckschießen

Wo? Überall im Sauerland
Wann? In Langewiese am letzten Juliwochenende

Was passiert eigentlich, wenn der neue Schützenkönig während seiner Amtszeit mal dringend weg muss oder zu dicht zum Regieren ist? Richtig, dann gerät die Schützenwelt aus den Fugen und der Sauerländer Himmel stürzt ein. Nicht so bei den klugen Langewiesern, die nicht nur samstags ihren Schützenkönig ausschießen, sondern montags auch gleich seinen Stellvertreter, den Vizekönig oder Geck.

In Langewiese rockt das Schützenfest, sagt man. Ich finde es rockt allein schon, dass der kleine Ort bei nur 420 Einwohnern auf stolze 455 Mitglieder des Schützenvereins kommt. Eine eindeutige Antwort auf die Frage, ob Schützenfeste und Vereine heute noch im Trend liegen. Dafür tut man in Langewiese allerdings auch einiges, wie das Jugend- und Freizeitwerk sowie die 160-Frauen-starke Damenabteilung beweisen. Schon drei Jahre bevor Alice Schwarzer die erste Ausgabe der Frauenzeitschrift EMMA veröffentlichte, griffen die Ladies in Langewiese 1974 im Kampf um die Gleichberechtigung zu den Waffen. Da damals kein Mann Lust auf den Thron des Vizekönigs hatte, entschlossen sich einige Damen, die Gelegenheit zu nutzen und den Geck untereinander auszuschießen. Ein paarmal Peng! – und rubbeldikatz gab es den ersten weiblichen Geck der Schützenfestgeschichte. Und da Sauerländerinnen gern das ganze Tablett nehmen, wenn man ihnen ein Pils reicht, schießen die Langewieserinnen heute sogar um einen eigenen Damenpokal.

Jedes Geckschießen geht fließend über in die Geckfeier, ein ganz besonderes Schmankerl für alle Freunde des fröhlichen Schwachsinns. Man verkleidet sich, trinkt, tanzt auf den Tischen und lässt's so richtig krachen. Also wie Karneval, nur kürzer und lustiger. Gäste sind dabei jederzeit in Langewiese willkommen und werden im Nullkommanix Teil der ausgelassenen Party. Man sagt, dass viele begeisterte Besucher allein schon deswegen alle Jahre wieder zur Geckfeier in Langewiese gehen, weil sie sich schon am Morgen danach an nichts mehr erinnern können.

Langewiese bitte bei der Reiseplanung nicht mit Wildewiese verwechseln, liebe Sauerlandbesucher. In Langewiese feiert man auf wilde Weise, in Wildewiese gleitet man auf langer Wiese. Gute Fahrt!

Aua Hahn! | Vogelwerfen

Wo? In Wilkenberg
Wann? Am ersten
Juliwochenende

Ich weiß, ich weiß: Das Dorffest
in Wilkenberg bei Meinerzhagen
ist kein ordentliches Schützenfest.
Kein Schützenverein, kein Karussell, kein Halligalli rück-
wärts. Trotzdem gehört es in dieses Kapitel, denn es gibt einen
Holzvogel auf eine Stange, ein Wettzielen, junge und erwachsene Schützen, eine Party drum herum und viel, viel Spaß für
alle Eingeborenen und Besucher. Statt mit Knarren zielen die
Wilkenberger bei ihrem traditionellen Vogelwerfen mit
Steinen auf einen hölzernen Auerhahn, der weit oben auf
einer Latte thront und die Schützen von dort aus hämisch
angrinst. Jawoll, ein Auerhahn! In den 60ern wurden nämlich
einige Auerhähne im Ebbegebirge ausgesetzt, um sich dort
populationstechnisch zu betätigen. Eins von den Viechern
flatterte versehentlich nach Wilkenberg und kriegte dort eine
Ladung Schrot auf den Latz geballert. Aua Hahn! Das gab
natürlich fetten Ärger für den Schützen und die Wilkenberger,
denn schließlich stehen Auerhähne unter strengem
Naturschutz. Also legten die geläuterten Dorfbewohner ihre
Flinten beiseite und schießen seitdem nicht mehr auf echte,
sondern werfen auf hölzerne Vögel.

Dazu putzen sich die Wilkenberger festlich heraus, schmük-
ken den Dorfplatz schützenfestmäßig mit Birkengrün und
grün-weißen Bändern und stellen reichlich Zielwasser bereit.
Als Erstes werfen die Kinder. Das ganze Jahr über haben sie
das einarmige Steineschlickern bereits eifrig geübt. Dass dabei

gelegentlich mal eine Fensterscheibe oder ein Scheitel lädiert werden, nehmen die Wilkenberger gelassen in Kauf, denn wozu zahlt man schließlich sonst die scheiß Haftpflicht? Die Kinderschützen lassen es jedenfalls gehörig Richtung Holzhahn prasseln, wobei die Trefferquoten je nach Alter, Größe und Zielsicherheit sehr unterschiedlich sind. Es empfiehlt sich jedenfalls, beim Zuschauen nicht im Bereich hinter dem Adler zu stehen oder Kaffee aus wertvollen Porzellantassen zu trinken. Nachdem der Kinderkönig ermittelt wurde und er seine Kinderkönigin gewählt hat, können auch Gastwerfer sich am Vogel versuchen. Ob dabei Fremdsteine erlaubt sind oder ob man nur Wilkenberger Spezialkiesel verwenden darf, entzieht sich leider meiner Kenntnis.

Sonntags sind die erwachsenen Dorfbewohner an der Reihe. Hier geht das Werfen etwas zügiger vonstatten: linker Flügel, rechter Flügel, und dann mit Schmackes rein in die grinsende Hahnvisage! Obwohl man für die ganze Spaßveranstaltung keinem Verein beitreten muss, gilt trotzdem eine strikte Anzugsordnung bestehend aus schwarzer Hose, weißem Hemd und waldgrüner Krawatte – selbstverständlich mit einem Auerhahn drauf!

Wer sich für diese seltene Vogelart interessiert, kann im Ebbegebirge sein Glück versuchen. Dazu muss man nur mucksmäuschenstill im Morgengrauen auf den Lockruf des Auerhahns warten. Hört sich in etwa so an, wie ein festgeklemmter Ast in Fahrradspeichen und ein schlecht geölter Sattel. Also bitte nicht enttäuscht sein, wenn statt des Auerhahns nur der Oberförster auf seinem Mountainbike aus dem Dickicht bricht.

Voll inne Pötte | Krautnäpperfest

Wo? In Bredenbruch
Wann? Alle zwei Jahre im August

Täglich schießen weltweit neue Speku-
lationen, Gerüchte oder Theorien ins
Kraut. Nicht so im bodenständigen
Sauerland. Wenn hier was ins Kraut
schießt, dann höchstens mal eine
Gewehrkugel. Wie zum Beispiel in Bredenbruch bei Hemer,
wo die Schützenbrüder alle zwei Jahre statt auf einen Vogel
auf einen Pott mit Sauerkraut zielen. Hört sich nicht nur
außergewöhnlich bekloppt an, ist es auch. Aber schön
bekloppt gefällt es uns Sauerländern schließlich am besten,
woll.

„Krautnäpperfest" nennt sich diese einzigartige Veranstaltung,
wobei der Wortbestandteil „Näpper" von „Napf" abgeleitet
ist. Klare Sache, dass dieser Napf nicht einfach eine her-
kömmliche Dose Mildessa sein darf, sondern traditionell in
einer örtlichen Schreinerei gedrechselt wird. Oben im
Krautnapf stecken zwei lange Kochlöffel, die von den
Bredenbrucher Schützen, ähnlich wie die Flügel beim
Holzadler, nacheinander abgeknallt werden müssen. Das ist
gar nicht so einfach, denn der Krautpott hängt natürlich
nicht über einem Herd, sondern er ist adlerhoch auf eine
Stange montiert.

Am Festsamstag marschieren die Schützen musikalisch unterstützt zu ihrem Schützenheim, wo abends das Wettschießen
auf den Krautnapp losgeht. Erst müssen die Löffel dran glauben, dann der arme Napf. Der Sieger erhält den feierlichen

Titel des amtierenden Krautnäppers, was sich irgendwie etwas uncooler anhört als Schützenkönig, oder? Richtig cool sind allerdings das Festpils sowie die vollfetten Reibeplätzchen mit Rübenkraut, dank derer man in Bredenbruch problemlos bis in die Puppen durchmachen kann. Mein Onkel Erwin empfiehlt, alle vier Reibeplätzchen einen Klaren nachzukippen, das sogenannte Verteilerken, damit das schwer auswaschbare Rübenkraut auch bei der wildesten Polonäse durch das Schützenheim sicher im Körper verbleibt.

Der Rest vom Schützenfest beziehungsweise Krautnäpperfest ist schnell erzählt: Sonntags Frühschoppen, anschließend ein erlebnisreicher Familientag inklusive Kür des Kinderkönigs. Wenn die kleinen Racker dann friedlich in der Heia liegen, geht's natürlich noch mal ran an die Tassen und die Reibeplätzchen. Ruhig ein paar Bierchen mehr trinken, dann wirken Sauerländer Kerls und Mädels meistens noch attraktiver, und dank Rübenkraut schmecken ihre Küsse ausnahmsweise auch mal nicht nach Zwiebelmett. Horrido!

Gnade, Euer Ehren! | Biergericht

Wo? Überall im Sauerland
Wann? Im Rahmen des örtlichen Schützenfests

Uns Sauerländern fiel bei Fernsehrichterin Barbara Salesch oder Familienrichter Alex-ander Hold schon immer das Gesicht vor Langeweile in Scheiben. Klar, denn wenn hölzerne Schau-spieler vor einer Pappkulisse kreuzdämliche Dialoge stammeln, ist das ja eher ein Marionettentheater und keine funky Gerichtsshow. Und in diese Richtung sind wir nun mal seit über hundert Jahren durch die Biergerichte vieler Schützenvereine echt verwöhnt. Schließlich laufen die Verhandlungen live, das Gericht hat absolut keine juristischen Kenntnisse, es gibt Showeinlagen, Sketche, Musik und reichlich Bier für alle.

Ein Biergericht besteht aus Frauen und Männern, die das ganze Schützenjahr über Informationen über Schützenbrüder und Schützenschwestern sammeln, die irgendwelchen Mist gebaut haben. Dafür gibt es beim Plettenberger Schützenverein sogar eine eigene Denunziantenseite! Wer beispielsweise zu doof zum Parken war, eine versiffte Uniform trug, besoffen durch den Festzug stolperte oder mit einem besonders dämlichen Spruch unangenehm auffiel, wird vor das Biergericht zitiert. Staatsanwälte und Gerichtspräsident erklären dem johlenden Publikum in lustigen Worten, was vorgefallen ist. Damit das auch die Zuschauer in der letzten Reihe kapieren und weil es einfach saukomisch ist, muss der Angeklagte sein Vergehen in Form einer kleinen Theaterdarbietung noch einmal nachspielen.

Anschließend hat die Verteidigung zwar das Wort, aber natürlich keine Chance, denn das Volk will die Delinquenten büßen sehen. Der eine kriegt laut Biergerichtsurteil am Pranger eine Torte vor die Omme, der andere muss während des gesamten Schützenfestes einen Schlafanzug tragen oder noch während der Gerichtssitzung auf einem Esel in den Saal reiten. Zwischen den einzelnen Fällen hüpfen Tanztruppen über die Bühne, der Nachwuchs verbiegt sich bei allerlei Turnübungen und mindestens eine Combo lässt es musikalisch krachen.

So ein Biergericht dauert oft einen ganzen Schützenfest-Vormittag und bietet Bombenunterhaltung für Groß und Klein. Ein dreifach Hoch daher allen Spaßjuristen, Schöffen und Straftätern, die diesen tollen Brauch aufrechterhalten. Also Fernseher abstellen und rein in die lustige Verhandlung, denn Life is live, dada dada daa!

Hoch das Knie! | Bocktanz

Wo? In Kallenhardt
Wann? An Pfingstmontag
und Pfingstdienstag

Als der liebe Gott den Menschen die Tanzbeine einhängte, ging bei uns Sauerländern so einiges schief. Denn obwohl die Hintern unserer Frauen mindestens so gut gebaut sind wie die der Sambamäuse an der Copacabana und obwohl wir Herren mindestens so rangehen wie argentinische Tangotänzer, wirkt unsere Art zu tanzen eher wie Backen ohne Mehl. Da helfen keine Salsakurse und keine Medizin, wir sind hüftsteif wie Tante Gretes greiser Dackel. Im schönen Kallenhardt, zwischen Warstein und Rüthen gelegen, hat man aus dieser Not eine Tugend gemacht und den Bocktanz erfunden, der mindestens so einmalig wie der brasilianische Capoeira, aber auch nach zwölf Pils noch schwindelfrei zu meistern ist.

Zum Bocktanz wird während des Kallenhardter Schützenfestes am Pfingstmontag und Pfingstdienstag jeweils um Mitternacht aufgespielt. Sobald die ersten Polkatakte ertönen, bilden die Festbesucher einen großen Kreis und Schützenkönig und -königin fangen in der Mitte der Festhalle mit dem Bocktanz an. Bald dreht sich der Schützenvorstand nebst Gattinnen mit, und während die Beine fliegen, singen alle Zuschauer lauthals mit:

> *Der König, der soll leben,*
> *mit seiner Frau daneben,*
> *soll leben dreimal hoch!*

Die Choreographie des Bocktanzes erinnert an eine explosive Mischung aus Walzer, Charleston und Pilsbier. Man dreht sich und schlägt bei jedem Tanzschritt mit dem jeweiligen Spielbein aus, wie ein übermütiges Fohlen. Sieht voll panne aus, macht aber riesigen Spaß. Davon kann sich jeder selber überzeugen, der bei YouTube „Bocktanz Kallenhardt" eingibt oder, noch besser, einfach mal beim Kallenhardter Schützenfest reinschaut, woll. „Bocktanz" heißt die Nummer übrigens nicht, weil der Tanz richtig Bock macht, sondern weil der Ziegenbock die Kallenhardter Symbolfigur ist.

„Aber Michael", höre ich schon meine alte Tanzlehrerin Renate mosern, „richtig tanzen ist doch wohl was anders als dieses bekloppte Bockdings da!" Klar, Renate, so ein Sauerländer Volkstanz ist nichts für verwöhnte Augen, passt aber wunderbar zu unseren steifen Hüften und sieht garantiert nur halb so scheiße aus wie der Discofox, mit dem du uns damals gequält hast. Dä!

Friede seinen Schuppen | Heringsbegräbnis

Wo? In Amecke und Freienohl
Wann? Am Dienstag nach dem Schützenfest

Wenn es am schönsten ist, soll man aufhören. Das gilt eigentlich immer und überall, außer beim Sex und in Freienohl. Dort endet montagabends zwar das örtliche Schützenfest, aber irgendwie haben die Freienohler am nächsten Morgen immer noch Durst und Bock auf Blödsinn. Typische Sauerländer halt! Deswegen steht dienstags immer noch ein Highlight der Festsession an: das einmalig bekloppte, wunderbare Heringsbegräbnis.

Dafür geht man in Freienohl allerdings nicht auf den Friedhof, sondern nach einem kleinen Frühschoppen gemeinsam runter zur Ruhr. Der Andrang der Schaulustigen ist groß, wenn sich der Trauerzug und eine kleine Kapelle in feierlicher Prozession flusswärts bewegen. Mitten unter den als Totengräbern, Mönchen, Nonnen und Priestern verkleideten Schützen liegt ein großer Hering auf einer festlich geschmückten Bahre. Warum, weiß kein Aas. Ist aber piepegal, schließlich weiß ja auch niemand, warum ein Hase auf Ostern Eier anmalt oder warum man als Sauerländer immer zwei Bier trinkt und nie nur eins.

An der Ruhr angekommen, hält der Zug natürlich nicht an, sondern alle tapern bis zu den Hüften in den Fluss und bereiten den Hering auf seine letzte große Reise vor, die bei uns sonst normalerweise in einem sahnigen Heringsstipp endet. Lecker! Nach salbungsvollen Worten und allerlei Brimborium wird der Fisch mitsamt schwimmfähiger Bahre auf die Fluten gesetzt und schaukelt zu feierlicher Musik langsam in Richtung ewiger Laichgründe. Früher wurde der Hering im Uferschlamm der Ruhr begraben, aber schwer verkatert in der Drierte buddeln war scheinbar irgendwann out in Freienohl. Die Beisetzung des schuppigen Gesellen symbolisiert das Ende des Schützenfestes. Da man aber so jung nie wieder zusammenkommt, geht es nach der Trauerfeier noch in einen gemütlichen Teil über, wo man quasselt, lacht, den Kindern beim Spielen zuschaut und sich aufopferungsvoll um den Inhalt der letzten Bierfässchen kümmert.

Auf dein Wohl, Freienohl! Denn dein Heringsbegräbnis ist eine wirklich schöne Sauerländer Tradition voller Spaß, Gemeinschaftssinn und verrückter Ideen. Weitermachen!

Zu guter Letzt

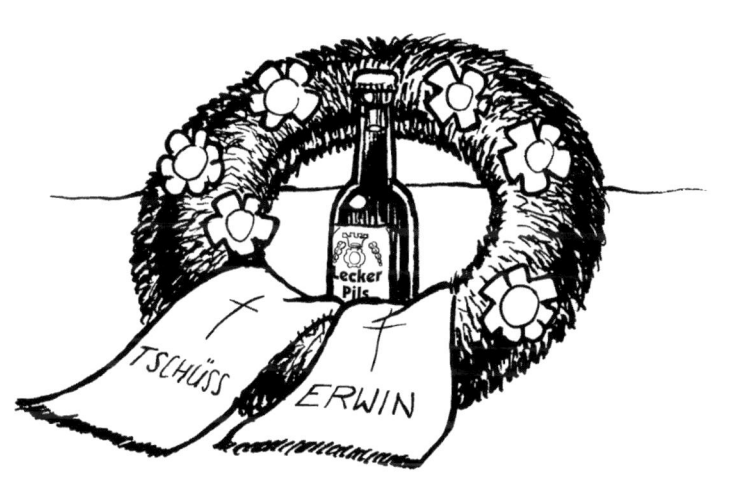

Trauer macht durstig | Fellversaufen

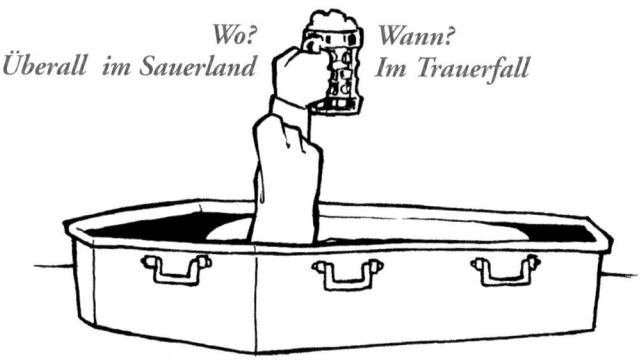

Wo?
Überall im Sauerland

Wann?
Im Trauerfall

„Den hätte er sich gewünscht!", sagte mein Onkel Willi, als er nach der Beerdigung seines Schwiegervaters den ersten Schnaps ausgab.

Während im Gesellschaftsraum unserer Stammkneipe die alten Tanten noch in die Kaffeetassen seufzten und am unvermeidlichen Streuselkuchen mümmelten, prosteten sich die übrigen Trauergäste an der Theke bereits zu. Schnaps gehört nämlich zu einer ordentlichen Sauerländer Beisetzung wie das Spiegelei zum Krüstchen. Zum einen, weil Schnaps gut für das flaue Trauergefühl im Magen ist, zum anderen, weil man nie so recht weiß, was man außer „Prost!" noch groß sagen soll. Tot is' schließlich tot, woll.

Doch bereits beim zweiten Kurzen fällt garantiert dem ersten Trauernden eine Story ein, die er mit dem Verblichenen erlebt hat. Meistens eine lustige. Während alle lachen, macht das nächste Tablett mit Hochprozentigem die Runde. Man erinnert sich an schöne gemeinsame Momente, an Sprüche, Ticks und Macken des Verstorbenen, und wie er damals als Sargträger ins offene Grab des Dechanten stolperte. Und während alle prusten und gibbeln, steht der Geist des schmerzlich Vermissten plötzlich mitten unter seinen Lieben an der Theke und trinkt einen mit. Denn den hätte er sich tatsächlich jetzt gewünscht.

Dieses gemeinsame Lachen beim sogenannten Fellversaufen nimmt dem Tod tatsächlich seinen Schrecken. Denn auch wenn unser Körper schon kalt wie Uschis Füße unter dunklem Sauerländer Heimatboden liegt, lebt die Erinnerung an uns in den Köpfen vieler Menschen noch lange, lange weiter. Irgendwann dreht dann jemand die Hintergrundmusik lauter, weil zufällig das Lieblingslied des Toten läuft. Dann singen sogar die Tanten im Gesellschaftraum mit und trinken ausnahmsweise einen Likör. Ausnahmsweise! Denn an so einem Tag freut sich einfach jeder, dass er selber noch lebt und die Schnapsrechnung von der Trauerfamilie übernommen wird.

Im Zeitalter von Smartphone und Mineralwasser verschwindet das Fellversaufen leider langsam. Viele haben nach der Beerdigung keine Zeit zu bleiben, die meisten müssen noch fahren oder abends ins Fitnessstudio. Das kann jeder Mensch halten, wie er will, aber ich hab's gern etwas altmodischer. Wer also nach meiner Beisetzung die erste Runde Schnaps ausgibt, hat meinen ausdrücklichen Segen und tut sogar noch etwas für den Erhalt traditionellen sauerländischen Brauchtums.

Danke, woll!

Als ich im letzten Sommer die Stadtverwaltungen, Tourismusämter, Ortsvorsteher und viele meiner Freunde im Sauerland bat, mich bei der Suche nach noch lebenden Traditionen, Sitten und Bräuchen unserer Heimatregion zu unterstützen, hatte ich keine Ahnung, was passieren würde. Interessierte sich dafür überhaupt jemand?

Hunderte von E-Mails, Anrufe und Briefe später lag die Rückmeldungsquote bei über 90 Prozent, ein sagenhafter Wert, den früher nicht mal Heinrich Lübke für die CDU in Enkhausen erzielen konnte. Toll! Deswegen möchte ich mich persönlich bei allen meinen Unterstützern ganz herzlich bedanken!

Mein besonderer Dank für die Mithilfe gilt:

STADTARCHIV PLETTENBERG, MARTINA WITTKOPP-BEINE
STADT MENDEN, NORBERT KLAUKE UND MANFRED GIES
STADT WINTERBERG, HANS-PETER PFENNIG UND GERDA SCHÜTTE
GEMEINDE WILLINGEN, ANNETTE PÖTTNER UND THOMAS TRACHTE
BÜRGERMEISTER FRANZ SCHREWE, BRILON
BÜRGERMEISTER THOMAS TRACHTE, WILLINGEN
HEIMAT- UND GESCHICHTSVEREIN MEDEBACH, JOSEF DRILLING
STADT SUNDERN, UTA KOCH
STADT ATTENDORN, TOM KLEINE
STADT BALVE, MATTHIAS MARTIN
STADT NEUENRADE, SABINE ROGOLI
STADT MEINERZHAGEN, IRA ZEZULAK-HÖLZER
STADTARCHIV ISERLOHN, RICO QUASCHNY
ORTSHEIMATPFLEGER KALLENHARDT, RAINER GEESMANN
GEMEINDE ENSE, WOLFGANG BONSCH
STADT HALLENBERG, MATTHIAS STAPPERT

STADTARCHIV HALLENBERG, GEORG GLADE
STADT OLSBERG, JOHANNES AXMANN
ORTSHEIMATPFLEGER KIERSPE, ULRICH FINKE
TOURISTIK-GESELLSCHAFT MEDEBACH, KARUNA ECKEL
GEMEINDE WENDEN, RUPERT WURM
STADT FINNENTROP, HANS-WERNER RADEMACHER
STADT WARSTEIN, ELISABETH FELDMANN
STADTARCHIV OLPE, JOSEF WERMERT
ORTSVORSTEHER SCHWALEFELD, WILFRIED SCHNAUTZ
HEIMAT- UND VERKEHRSVEREIN BAUERNLAND, JOH. TIGGES
STADT DROLSHAGEN, STEFAN LÜTTICKE
STADT LÜDENSCHEID, WOLFGANG LÖHN
STADT HEMER, EBERHARD THOMAS
STADTARCHIV ALTENA, MONIKA BIROTH
STADTARCHIV MARSBERG, SIEGFRIED STOLZ
STADTARCHIV RÜTHEN, FRIEDHELM SOMMER
MARIO CORTINA UND WOLFRAM SCHMITZ, RALF LITERA,
KLAUS-PETER KAPPEST, HERMANN-J. HOFFE, RAINER ZEPERNICK,
MARCUS SCHULTE-GLADE, THOMAS JAHN

Autorenportrait

Michael Martin wurde vor langer, langer Zeit im sauerländischen Werdohl geboren. Vor, während und nach seinem Studium in Berlin arbeitete er als Kellner, Stahlarbeiter, Postbote, Möbelpacker und Thekenkraft. Der zweite Universitätsabschluss in England war sein Einstieg in eine Karriere als Berater und Kreativer bei verschiedenen Werbeagenturen.

1998 machte sich Michael Martin als Autor, Ideenlieferant und Filmemacher selbständig. Heute lebt er mit seiner Frau an der südenglischen Küste und ist Mitinhaber der Filmproduktionsfirmen personalfilm.de und mydatingvideo.

Der Exil-Sauerländer hat seiner verregneten Heimat bereits drei Wörterbücher und ein Märchenbuch gewidmet. „Voll die Bräuche, woll!" ist sein erstes Buch, das im WOLL-Verlag erscheint. Mit dem Kurzgeschichtenband „Voll auffe Ohren" und dem Schützenfestknüller „Voll das Schützenfest, woll!" sind bereits zwei weitere Schwarten bei Michael Martin in Arbeit.

Links:
www.immerdiebesteidee.de
www.personalfilm.de

Astreine Sauerlandschwarten aussem Woll-Verlach:

Herbert Knappstein
Ja, bin ich denn der Leo?
ISBN 978-3-943681-01-7

Herbert Knappstein | Ich
glaub´, mich tritt ein Pferd!
ISBN 978-3-943681-08-6

Reiner Hänsch
Rotzverdammi!
ISBN 978-3-943681-04-8

Michael Martin
Voll die Bräuche, woll!
ISBN 978-3-943681-22-2

Wilhelmine Sapp
Wellentanz
ISBN 978-3-943681-09-3

Reiner Hänsch
Die Faxen dicke
ISBN 978-3-943681-48-2

Hans Fröhlich
So weit das Auge reicht.
Aussichtstürme im Sauer-
land und Siegerland
ISBN 978-3-943681-06-2

Edition: Wo Worte
wachsen/Poesie am
Rothaarsteig
ISBN 978-3-943681-11-6

Bärbel Michels
Das Fest der Liebe
ISBN 978-3-943681-50-5

Kontakt/Infos: www.woll-verlag.de · www.woll-onlineshop.de

Fleischwurst am Donnerstag

Sauerländer Osterrasseln

Österliches Baumschlagen

Osterfeuer Arnsberg

Fronleichnamsprozession

Kreuztracht in Menden

Krachnacht Hallenberg

Wallfahrt

Kartoffelbraten

Sonnenvogelkloppen

Kirmes | Kärmetze

Sturmtag Belecke

Horrido, Enkhausen!

Heringsbergräbnis Freienohl

Elfentanz

Schützenumzug